W0074853

ullstein

Das Buch

Dieses Buch ist ein Kniefall vor dem Freak in uns allen.

Jeder, der Angst vor den Monstern unterm Bett und den Fugen zwischen den Gehwegplatten hat, kann jetzt endlich beruhigt aufatmen: Es gibt immer jemanden, der noch bekloppter ist!

Der Blogger Christian Brandes hat all unsere kleinen Verrücktheiten, Spleens und Angewohnheiten in einem großen Macken-Archiv gesammelt und sortiert. Dieses Buch vereint alles, was das Kopfkino hergibt: die schrägsten, außergewöhnlichsten und tollsten Spleens Deutschlands!

Der Autor

Seit 2010 sammelt Christian Brandes, 32, auf seinem Blog *Schlecky Silberstein* die bizarrsten, lustigsten, kreativsten und manchmal auch verstörendsten Phänomene des Internets. Spleen24 ist das neueste Projekt des Comedyautoren und mit über 6000 bizarren Eigenarten bereits das größte Macken-Archiv der Welt.

Schlecky Silberstein
und Christian Brandes

ICH KANN KEINE WURSTZIPFEL ESSEN

und 999
weitere seltsame Angewohnheiten

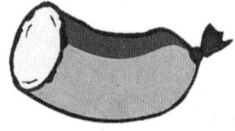

Ullstein

Besuchen Sie uns im Internet:
www.ullstein-taschenbuch.de

Originalausgabe im Ullstein Taschenbuch
1. Auflage Juni 2015
2. Auflage 2015
© Ullstein Buchverlage GmbH, Berlin 2015
Umschlaggestaltung und
Coverillustrationen: Polygraph Design, Berlin
Satz: KompetenzCenter, Mönchengladbach
Gesetzt aus der ITC Berkeley Old Style
Papier: Pamo Super bei Arctic Paper Mochenwangen GmbH
Druck und Bindearbeiten: CPI books GmbH, Leck
Printed in Germany
ISBN 978-3-548-37577-9

Inhalt

Wie dieses Buch entstanden ist

Silvester 2013 jährte sich zum 32. Mal die Frage: Was für Vorsätze hast du für 2014? Im Rückblick war ich Jahr für Jahr gescheitert: immer noch Raucher, immer noch sportlich am Schnapsglas, immer noch so organisiert wie meine Legokiste mit vier. Mir fehlten vorweisbare Erfolge, also nahm ich mir vor, den kleinsten Makel an mir zu identifizieren und nur den im neuen Jahr erfolgreich auszuradieren. Ich nahm mir Stift und Papier und fing an, all die kleinen Dinge zu notieren, die mir an mir schon immer seltsam vorkamen. Es dauerte keine halbe Stunde und eine komplette DIN-A4-Seite war gefüllt. Und plötzlich offenbarte sich mir eine Person voller Unregelmäßigkeiten. Da war nicht ein großer Schönheitsfehler, den man am Stück zum Therapeuten hätte bringen können, sondern ein Haufen von kleinen Norm-Abweichungen. In besorgniserregender Dichte.

Was von diesen Dingen war normal bescheuert und was war schlimm bescheuert? Ich wusste es nicht, aber wen hätte ich fragen sollen? Ich habe gute und enge Freunde, aber ich frage keinen davon, ob er sich auch so gerne mit dem Autoschlüssel im Ohr bohrt. Ich dachte mir: Es müsste einen Weg geben, anonym seine seltsamsten Angewohnheiten zu präsentieren und zu erfahren, ob es anderen genauso geht. Das Ganze roch stark nach Online-Experiment. Weil es für mich in dem Augenblick nichts weiter als eine kleine digitale Spielerei war, gab ich ihr den erstbeknacktesten Namen, der mir dazu gerade einfiel: Spleen24 (www.spleen24.tumblr.com).

Auf meinem Blog schleckysilberstein.com erklärte ich kurz die Idee hinter Spleen24, mit einem Link zum Projekt. Danach ging alles unfassbar schnell: 10 Minuten später gab es bereits 150 Beiträge, am nächsten Tag waren es über 1000. Ich wollte jede Einreichung erst prüfen, bevor sie online geht, und musste in meiner Not meine Mutter (studierte Sozialpädagogin) einspannen, um dieser völlig überraschenden Flut an Beiträgen Herr zu werden.

Nach einer Woche wurde mir bewusst: Alter Schwede, du hast da offenbar einen Nerv getroffen. Jetzt dürfen wir nicht vergessen, dass ich die Leute nicht nach ihren Lieblingswitzen gefragt habe. Sie berichteten mir von intimsten Details, die – wenn auch anonym eingereicht – alle ernst genommen werden wollten. Tatsächlich wurden bis heute weniger als 50 Spleens eingereicht, die ich als blanken Quatsch ohnehin nicht freigegeben hätte. Die Mechanik der Idee ist auf meinem Mist gewachsen, was Spleen24 schließlich geworden ist, haben die Teilnehmer entschieden. So war der Ich-auch-Button, der genau abbildet, wie viele Leute den gleichen Spleen teilen, die Anregung einer Leserin. Mein geschätzter Programmierer Felix musste daraufhin mehrere Nächte durchmachen, doch am Ende machte genau dieser Button die Sache rund. Da war ich schon längst nicht mehr Urheber einer cleveren Idee, sondern Verwalter einer *User Generated Idea*.

Zwischendurch fiel mir wieder meine eigene Liste in die Hände. Nachdem ich circa 6000 Spleens von anderen be- und verarbeitet hatte, konnte ich nun mit Gewissheit sagen: alles ganz normal. Das eine mehr, das andere weniger. Beim Lesen der eingereichten Spleens erfüllte mich immer wieder ein Gefühl der Versöhnung. Ich war erleichtert, zu erfahren, dass sich so wahnsinnig viele Menschen auch keinen Reim auf ihre kleinen und großen Macken machen können. Und dass das offenbar völlig normal ist. Ich habe mal irgendwo im Netz den Satz »Be nice to everyone you meet. They're fighting a battle you know nothing about« gelesen. Meine Oma hat das mit ihrem Mantra »Jeder hat sein Kreuz zu tragen« schon vor dem Internet gewusst. Aber Ängste, Sorgen und Unsicherheiten waren noch nie so out wie im Social-Media-Zeitalter. Das liegt in der Natur der Sache: Facebook und Twitter sind Marketing-Tools, mit denen wir unsere Zielgruppe von unseren Qualitäten überzeugen wollen. Es wäre völlig widersinnig, über Facebook unsere vermeintlichen Schattenseiten zu präsentieren. Stattdessen haben wir uns gegenseitig eine Kommunikation beigebracht, die nur noch positive, humorvolle und souveräne Statements verträgt. Wenn ich mir durchlese, wie witzig, klug, reflektiert, meinungsfest und cool meine Bekannten online sind, dann macht mich das fertig. Die unzähligen schrägen Bekenntnisse auf Spleen24 haben mich dagegen total abgeholt. Endlich normale Leute! Ich bekomme viele

Mails von Lesern, die sich angewöhnt haben, nach dem Besuch von Facebook direkt zu Spleen24 weiterzusurfen, um sich zu erden. Und ich freue mich über jeden, der danach wieder ein bisschen zufriedener mit sich selbst ist. Das Gleiche möchte dieses Buch leisten. Aus über 6000 unterschiedlichen Spleens habe ich die verrücktesten, aber auch die mit der weitesten Verbreitung herausgefischt und in das passende Kapitel sortiert, wie in ein Panini-Sammelalbum. Die Zahl hinter jedem Eintrag bildet ab, wie viele Menschen sich über den Ich-auch-Button zum gleichen Spleen bekannt haben. Die Ergebnisse beziehen sich auf das gesamte Kalenderjahr 2014.

Ach ja: *999 seltsame Angewohnheiten* (siehe Cover) ist übrigens Etikettenschwindel. Es sind in Wirklichkeit mehr. Aber es gibt da einen Menschen im Verlag, der diese Zahl mehr als jede andere liebt. Das war Spleen Nummer eins. Viel Spaß mit dem Rest – und gute Besserung!

Verkehr

Janis Joplin hat nie über Schuhe oder Zahnbürsten gesungen, es war ein Auto, das sie zu einem Song inspirierte. Dabei muss es nicht gleich ein Mercedes-Benz sein, Menschen bauen auch zu alten Fiats emotionale Bindungen auf. Denn Autos genießen im Gegensatz zu anderen Produktgruppen einen Sonderstatus. Man darf sie liebhaben, man darf ihnen Namen geben, man darf sie sogar in seine Gebete einschließen. Als Komfortzone für unterwegs bieten Autos zudem die einzigartige Möglichkeit, sich auch jenseits von zu Hause irgendwie privat zu fühlen. Niemand würde ohne schützende Karosserie um sich herum despektierliche Äußerungen über die Mütter anderer Verkehrsteilnehmer machen. Aber mit etwas Blech zwischen uns und den anderen wird der Blinker-Verweigerer vor uns schnell zum »gottlosen Sohn einer Hure«. Es ist diese Mischung aus Intimität und Privatheit auf Rädern, die Autos zu regelrechten Naturschutzgebieten für Spleens macht.

Wenn ich an Blitzern vorbeifahre, muss ich immer lächeln und in die Kamera schauen.

{ 54 } teilen diesen Spleen

Fahre ich selbst, muss ich mir kurz nach dem Losfahren eine Zigarette anzünden. Kann ich das nicht, empfinde ich die Fahrt als eine Belastung. Die Kippe beim Autofahren gehört einfach dazu! Als Beifahrer habe ich dieses Bedürfnis nicht.

{ 35 } teilen diesen Spleen

Wenn ich als Beifahrer auf der Autobahn unterwegs bin, wandere ich mit den Augen immer zwischen den einzelnen Fahrstreifen hin und her. Ich stelle mir vor, ich wär ein Motorrad und würde Slalom fahren. Spannend wird es bei Ausfahrten, wenn die Linien aufhören, denn da muss man die Spur wechseln. Sitze ich hinten im Auto, fahre ich zwischen den Schildern Slalom. Wenn viele Schilder hintereinanderstehen, kann es stressig werden!

{ 18 } teilen diesen Spleen

Wenn ich an einer roten Ampel stehe, kann ich es nicht lassen, in Gedanken den Countdown von 3 runterzuzählen, um mich dann darüber zu freuen, dass die Ampel bei 0 auf Grün schaltet … Oftmals wird dabei zwischen 1 und 0 die Zeit in die Länge gestreckt, um den gewünschten Erfolg zu erzwingen.

79 teilen diesen Spleen

Wenn ich im Straßenverkehr unterwegs bin, lege ich mir Argumente oder Beschimpfungen zurecht, die ich einem potentiellen Unfallgegner an den Kopf werfen könnte, auch wenn meist gar nichts passiert und mir nicht mal die Vorfahrt genommen wird.

57 teilen diesen Spleen

Auf der Autobahn reagiere ich – auch in meinen eigenen Augen – merkwürdig auf Drängler. Mit dem Wechsel auf die rechte Spur schneide ich die immer gleiche bescheuerte Grimasse – nur damit der Drängler sich noch stärker aufregt, sollte er beim Überholen einen Blick in mein Auto werfen.

16 teilen diesen Spleen

Als Fahrradfahrer im Straßenverkehr würde ich mich eher von einem Auto umfahren lassen, als die Vorfahrt »herzuschenken«. Bis jetzt ist noch nichts passiert, aber insgeheim hoffe ich, dass es bald knallt.

97 teilen diesen Spleen

Ich fahre an Tankstellen immer an die Zapfsäule mit der Nummer 3, denn es passiert mir sonst oft, dass ich beim Zahlen nicht mehr sagen kann, an welcher Zapfsäule ich stehe. Die 3 ist mein Anker.

{ 10 } teilen diesen Spleen

Ich fahre mit meinem Auto fast immer haargenau die vorgeschriebene Geschwindigkeit oder auch mal zwei bis drei km/h weniger. Dabei mache ich mir einen Spaß daraus, in den Rückspiegel zu schauen, wie der Fahrer hinter mir vor Wut ins Lenkrad beißt, hupt, mich verflucht und ausrastet.
Das lohnt sich auf Landstraßen oder in größeren Orten allemal, da ein Überholen fast unmöglich ist. Das ist schon fast wie eine Droge und lässt mein Herz vor Aufregung und Freude hüpfen. Übrigens ist bisher noch keiner ausgestiegen, um mich zu verhauen oder Ähnliches. Alles nur verbal bzw. Zeichensprache.

{ 14 } teilen diesen Spleen

Wenn es beim Autofahren regnet, warte ich immer, bis ganz viel Wasser auf der Windschutzscheibe ist, und betätige erst dann den Scheibenwischer. Wenn zu wenig Wasser auf der Scheibe ist, will ich nicht wischen, es macht dann einfach keinen Spaß.

{ 69 } teilen diesen Spleen

Wenn ich auf der Autobahn einen LKW vor und einen hinter mir habe, kriege ich sofort Panik!

44 teilen diesen Spleen

Immer wenn ich in die Tiefgarage fahre, ducke ich mich im Auto, weil ich Angst habe, dass ich meinen Kopf an der Decke anschlage.

42 teilen diesen Spleen

Immer wenn ich als Beifahrer auf der Autobahn unterwegs bin, muss ich in alle Autos reinschauen, die wir überholen. Nur um zu sehen, wer da sitzt. Verpasse ich ein Auto, muss ich im Spiegel zurückschauen.

74 teilen diesen Spleen

Wenn ich mit dem Auto eine Engstelle passieren muss, ziehe ich immer den Bauch ein, in der Hoffnung, so nichts anzuwumpsen.

20 teilen diesen Spleen

Beim Autofahren schimpfe ich mit den anderen Verkehrsteilnehmern. Obwohl die mich hundertprozentig nicht hören können.

137 teilen diesen Spleen

Wenn ich ein Nummernschild sehe, versuche ich immer, es als Wort zu lesen, und schaue, ob dabei etwas Sinnvolles herauskommt und wie man es ändern müsste, damit es ein sinnvolles Wort ergibt.

100 teilen diesen Spleen

Ich traue mich nicht, alleine im Auto zu singen, weil ich immer Angst habe, jemand könnte denken, ich führe Selbstgespräche. Deshalb tu ich manchmal so, als würde ich telefonieren.

185 teilen diesen Spleen

Auf Autofahrten zähle ich immer die Leitpfosten am Straßenrand, indem ich bei jedem Pfosten eine Pobacke zusammenkneife, immer abwechselnd. Bei parkenden Autos mache ich das auch so.

30 teilen diesen Spleen

An roten Ampeln muss ich wiederholt checken, ob der erste Gang noch drin ist. Das läuft dann so: Erster Gang – Leerlauf – erster Gang – Leerlauf – erster Gang … so lange, bis wieder Grün ist.

648 teilen diesen Spleen

Immer wenn ich mit dem Auto einen Fahrradfahrer über-hole, schau ich danach im Rückspiegel nach, ob er noch fährt, nicht dass ich ihn aus Versehen erwischt habe.

{108} teilen diesen Spleen

Manchmal lache ich beim Autofahren ohne Anlass laut und übertrieben. Aber nur, wenn ich alleine bin. Danach freue ich mich über mich selbst.

{20} teilen diesen Spleen

Wenn ich im stehenden Auto sitze und neben mir parkt einer ein oder aus, bin ich ganz wachsam und warte nur darauf, dass es scheppert. Ich bin mir dann ganz sicher, gerammt zu werden, und plane schon, den Fahrer damit zu überraschen, dass ich alles mitbekommen habe.

{41} teilen diesen Spleen

Wenn ein Fahrschulauto hinter mir fährt, denke ich im-mer, dass der Fahrlehrer auf mich zeigt und zu seinem Schüler sagt: »Und genau so macht man es NICHT!«

{182} teilen diesen Spleen

Wenn ich mit dem Auto einparke, muss ich die Musik leise machen, weil ich sonst das Gefühl habe, nicht ein-parken zu können.

{207} teilen diesen Spleen

Ich gucke mir bei jedem Auto, das mir entgegenkommt oder hinter mir fährt, das Kennzeichen an. Manchmal bilde ich mir aus den Kennzeichen Urteile über den Fahrer.

64 teilen diesen Spleen

Wenn ich im Auto auf der Autobahn fahre, dann tippe ich mit meinem Fuß immer auf der Höhe der Leitpfosten auf den Boden. Ich versuche dabei immer, ganz genau auf der gleichen Höhe wie der Pfosten zu sein.

28 teilen diesen Spleen

Ich halte es nicht aus, wenn mein Auto auf dem Parkplatz mit einem Rad auf der weißen Linie steht, dann muss ich so lange neu einparken, bis die weißen Linien nicht berührt werden.

22 teilen diesen Spleen

Wenn ich auf der Autobahn fahre, versuche ich nur dann zu blinzeln, wenn ich mich zwischen zwei Reflektor-Leitpfosten befinde. Es darf sich aber auch kein anderes Auto gerade dort aufhalten.

8 teilen diesen Spleen

Wenn ich im Autoradio Moderatoren reden höre, muss ich unbedingt einen Sender weiter schalten. Es könnte ja sein, dass da gerade ein gutes Lied läuft. Wenn ich das Lied dann nicht mag, drück ich wieder weiter.

38 teilen diesen Spleen

Wenn ich mit dem Auto an einer Ampel stehe und es verpasse, bei Grün sofort loszufahren, fahre ich auf den ersten 100 Metern danach besonders schnell.

22 teilen diesen Spleen

Wenn ich im Auto bei offenen Fenstern laute Musik höre, achte ich immer auf Passanten an Ampeln und starte gute Lieder vorausschauend noch mal von vorne, um den Leuten dann an der Ampel meinen tollen Song präsentieren zu können.

39 teilen diesen Spleen

Ich sitze im Auto und kann es zeitweise nicht fassen, dass ich die Berechtigung habe, ganz allein dieses Auto zu fahren. Und bin dann ohne Ende stolz!

423 teilen diesen Spleen

Wenn ich Beifahrer bin, muss ich immer »mitbremsen«. Das heißt, ich drücke meinen rechten Fuß dann fest in den Fußraum, als wenn ich auf das Bremspedal treten würde.

557 teilen diesen Spleen

Wenn ich allein Auto fahre, beschimpfe ich gern die Navi-Sprecherin mit den unflätigsten Ausdrücken. Es ist schwer, das zu unterdrücken, wenn noch jemand mitfährt.

75 teilen diesen Spleen

Kurz vorm Parken kann ich nicht anders, als wild alle Radiosender nach einem guten Lied zu durchforsten, damit ich, wenn ich das Auto verlasse, keinen schlechten Ohrwurm habe.

7 teilen diesen Spleen

Immer wenn ich mit dem Auto nach Hause komme, fahre ich noch zwei Runden um den Block, um zu sehen, ob ich nicht verfolgt werde.

8 teilen diesen Spleen

Immer wenn ich mit dem Auto rückwärts ausparke, muss ich die Musik leiser drehen.

322 teilen diesen Spleen

An der Ampel drehe ich das Autoradio leise, egal, wie cool der Song ist. Sobald Grün ist, drehe ich wieder auf.

18 teilen diesen Spleen

Wenn ich tanke, versuche ich, auf einen glatten Geldbetrag zu kommen, also keine Centbeträge.

{134} teilen diesen Spleen

Beim Autofahren bepöbele ich andere Verkehrsteilnehmer wüst, wenn sie zu langsam/schnell/komisch fahren, plötzlich ohne ersichtlichen Grund bremsen, an grünen Ampeln nicht sofort losfahren usw. Aber natürlich nur, wenn mich niemand hören kann.

{402} teilen diesen Spleen

Immer wenn ich über Brücken fahre, muss ich nach links und rechts gucken, ob ein Schiff vorbeifährt.

{6} teilen diesen Spleen

Wenn ich an einer Tankstelle stehe und mein Auto volltanke, achte ich penibel darauf, möglichst alle Tropfen, die sich am Ende noch im Schlauch befinden, in meinen Tank zu schütteln, damit ich weder dem Tankwart noch den nächsten dort tankenden Kunden etwas von meinem Sprit schenke.

{43} teilen diesen Spleen

Wenn ich auf einer Abbiegerspur an der Ampel stehe, freue ich mich über diesen kurzen Moment, in dem alle Blinker der Autos vor mir im gleichen Takt blinken.

98 teilen diesen Spleen

Ich bilde beim Autofahren gerne Sätze und Worte aus den Kennzeichen anderer Autos, wobei die Zahlen für den Buchstaben im Alphabet stehen. DH-RE 81 könnte z. B. für »Der Heino rennt endlich hinter Achim« oder einfach für »Reha« stehen.

8 teilen diesen Spleen

Wenn ich nach einer Adresse suche, muss ich das Autoradio leiser drehen. Dann sehe ich besser.

399 teilen diesen Spleen

Ich spreche mit meinem Auto. Manchmal auch über tiefgründige Themen. Ist etwas einseitig, aber ich denke, es ist verständnisvoll.

6 teilen diesen Spleen

Als Beifahrer auf Autobahnen stelle ich mir immer vor, mit dem Skateboard auf den Leitplanken bei gleicher Geschwindigkeit zu grinden.

18 teilen diesen Spleen

Wenn ich das Navi im Auto benutze, versuche ich IMMER, vor der errechneten Zeit anzukommen. Ich fahre quasi gegen das Navi und kann es kaum aushalten, wenn ich verliere. Bin schon zweimal unnötig geblitzt worden, hab aber gewonnen.

265 teilen diesen Spleen

Immer wenn ich eine längere Strecke mit dem Auto fahre, suche ich einen Fahrer vor mir, der anständig und gesittet fährt. Ich hasse es, Leute vor mir zu haben, die ohne Grund ständig abbremsen, den Vordermann drängeln oder aus Jux Schlangenlinien fahren. Habe ich einen »normalen« Fahrer vor mir gefunden, fahre ich ihm ganz entspannt hinterher.

17 teilen diesen Spleen

Wenn ich überhole und die PS meines Autos nicht ausreichen, trete ich automatisch fester aufs Gaspedal und beuge mich nach vorne.

721 teilen diesen Spleen

Wenn ich mit meinem Auto mit den linken Reifen über ein Hindernis (z. B. Verkehrsberuhigungshügel) gefahren bin, muss ich beim nächsten Hindernis zwingend mit den rechten Reifen drüberfahren, damit sich die Stoßdämpfer auf beiden Seiten gleichmäßig abnutzen.

20 teilen diesen Spleen

Ordnung

Wir im Westen fürchteten das Fegefeuer, im alten Persien stellte man sich die Hölle als überfüllten Raum voller Dämonen vor. Diese sehr plakativen Szenarien müssen einer breiten Zielgruppe als Abschreckung dienen, während die individuelle Hölle sehr viel spezieller aussehen kann: zum Beispiel ein Raum voller offener Schubladen. Oder noch schlimmer: ein Raum, in dem die Klopapierrolle zur Wand hin abgerollt wird. Oft liegt auch der vielbeschworene Konflikt zwischen den Geschlechtern einfach in unterschiedlichen Interpretationen von Ordnung begraben. Wer hier die Maßstäbe der Logik oder sogar der Rationalität ansetzt, der sollte dieses Buch aus der Hand legen. Fakt ist: Für bemerkenswert viele Menschen stehen Grundbedürfnisse wie Essen, Trinken und Wärme auf einer Stufe mit einem geschlossenen Klodeckel. Widerstehen Sie dem Reflex, alles verstehen zu wollen.

Mein Umfeld muss sich in geometrischer Ordnung befinden. Manchmal erwische ich mich dabei, wie ich heimlich, wenn niemand hinsieht, schnell den Tisch in Ordnung bringe und die Dinge darauf in ein für mich optisch ausgewogenes Bild rücke. Dabei geht es nur um die oberflächliche Draufsicht. Es gibt Ecken in meinem Zimmer, da herrscht heilloses Durcheinander. Doch solange von außen alles im rechten Winkel ist, ist es o. k.

 teilen diesen Spleen

Ich ertrage es nicht, wenn meine Schuhe unterschiedlich fest gebunden sind. Ich muss dann den lockereren Schuh wieder aufmachen und fester binden – so lange, bis beide Schuhe gleich fest sitzen.

 teilen diesen Spleen

Wenn ich mit dem Staubsauger die Wohnung sauge, dann immer nur mit dem Rohr und in der Hocke! Ich sauge dann nämlich jeden Krümel extra ein und finde das unglaublich befriedigend.

 teilen diesen Spleen

Es ist mir nicht möglich, beim Wäscheaufhängen an einem Kleidungsstück zwei verschiedene Wäscheklammern zu verwenden, sie müssen immer identisch sein! Gleicher Farbton reicht nicht!

700 teilen diesen Spleen

Ich lege an der Supermarktkasse meine Einkäufe immer in der Reihenfolge auf das Band, wie sie am Ende auch in meiner Tasche liegen sollen. Auf diese Weise kann ich schneller eintüten. Wenn mein Vorgänger noch mit seinen Einkäufen beschäftigt ist, während ich schon alles eingepackt und bezahlt habe, denke ich »Du Amateur!« und verlasse mit erhabenem Gefühl den Supermarkt.

55 teilen diesen Spleen

Bei einem Getränkekasten müssen die vollen und leeren Flaschen bei mir immer zusammenhängende Blöcke bilden. Diese dürfen nicht durch leere Fächer voneinander getrennt sein. Allein stehende Flaschen nerven mich extrem.

38 teilen diesen Spleen

Wenn ich ganz nah am Gesicht meines Freundes bin und sein Nasenhaar sehe, möchte ich es gerne ausreißen oder zumindest in seiner Nase verstecken. Auch wenn er gerade etwas Wichtiges sagt, muss ich immer hinschauen.

38 teilen diesen Spleen

Wenn ich eine Scheibe Brot belege, muss der Belag immer deckungsgleich mit dem Brot sein. Was übersteht, schneide ich ab und lege es aufs Brot. Auch Leberwurst, Nutella oder Erdnussbutter müssen absolut gleichmäßig verstrichen sein. An keiner Stelle darf zu viel oder zu wenig oder gar ein Loch sein.

75 teilen diesen Spleen

Im Supermarkt halte ich immer Ausschau nach den Kühlschränken und -truhen und schaue, ob da eine Tür nicht ganz geschlossen ist, damit ich sie schließen kann.

40 teilen diesen Spleen

Ich kann es nicht haben, wenn in einem Zimmer, in dem ich mich aufhalten muss, Schranktüren oder Schubladen offen stehen. Ich gehe dann rum und mache alles zu. Ist dies nicht möglich (etwa im Büro des Chefs oder bei Einladungen), dann starre ich permanent auf die offene Schranktür und denke darüber nach, wie gerne ich die Schranktür jetzt zumachen würde.

254 teilen diesen Spleen

Wenn ich eine Mahlzeit mit Messer und Gabel esse, versuche ich immer, die einzelnen Bestandteile (z. B. Gemüse, Beilage, Fleisch) für jede Gabel im genau richtigen Mengenverhältnis zu kombinieren. Am besten muss es am Schluss genau für eine perfekte Gabel reichen. Wenn das nicht klappt, muss ich für die fehlende Zutat Nachschub holen!

94 teilen diesen Spleen

Wenn ich Süßigkeiten esse, wie Gummibären oder Ähnliches, muss ich immer die gleiche Anzahl an Bären auf der rechten und der linken Seite kauen.

54 teilen diesen Spleen

Meine Kontoauszüge hefte ich niemals ab, nachdem ich sie mir bei der Bank geholt habe, sie wandern wild durcheinander in irgendwelche Schubladen. Obwohl ich mir quasi jeden Tag vornehme, sie vernünftig zu sortieren und zu sammeln, passiert das nur alle ein bis zwei Jahre. Ich bin dann immer ganz stolz darauf, wenn kein einziger Auszug fehlt. Da diese nachträgliche Sortierarbeit ein Heidenaufwand ist, habe ich noch immer die Kontoauszugsheftchen der letzten 15 Jahre im Schrank, als Zeichen dafür, wie sortiert und gut organisiert ich bin.

113 teilen diesen Spleen

Ich kann es absolut nicht ab, wenn Schubladen nicht ganz geschlossen sind. Ich muss dann immer hingehen und sie zuschieben.

521 teilen diesen Spleen

Ich muss immer die Zahnpastatube zuschrauben, nachdem ich die Zahnpasta auf die Bürste getan habe, aber
bevor ich mir die Zähne putze. Deshalb ist mir schon öfter die Paste währenddessen wieder von der Bürste ge-
fallen!

{111} teilen diesen Spleen

Wenn ich meine Brille putze (bei jedem kleinsten Fleck
oder Streifen!), halte ich sie gegen jede mögliche Licht-
quelle, um sicherzugehen, dass wirklich alles streifenfrei
ist. Wenn nicht, wird so lang angehaucht, gewischt und
rumgeputzt, bis alles weg ist. Schmutzige Brillen machen mich auch bei anderen verrückt, ich will sie alle
putzen!

{54} teilen diesen Spleen

Joghurtbecher MÜSSEN stehen! Wenn ich sehe, wie Leute
Joghurtbecher beim Einkaufen auf das Kassenband legen,
regt mich das total auf! Ich selbst stelle meine Joghurts
immer sorgfältig hin und leg sie danach auch nicht in die
Tüte, sondern »stelle« sie in meine Tasche. Kippen sie
doch um, will ich den Joghurt eigentlich gar nicht mehr.
Ich esse ihn dann trotzdem, weil ich an die Leute denken
muss, die nichts zu essen haben, aber er schmeckt dann
einfach nicht mehr.

{41} teilen diesen Spleen

Wenn ich abwasche, muss zuerst das ganze Besteck abgewaschen werden, dann Teller und Brettchen, danach Tassen und Gläser und als Letztes die Töpfe und Pfannen. Wenn alles durcheinander im Wasser liegt, möchte ich am liebsten aufhören.

36 teilen diesen Spleen

Die Bänder eines Kapuzenpullovers müssen gleich lang am Oberkörper herunterbaumeln!

263 teilen diesen Spleen

Der Inhalt meiner linken Jacken- oder Hosentasche muss immer ausgeglichen zur rechten sein. Dafür räum ich schon mal minuten- bis stundenlang Taschentücher, Kaugummi, Schlüssel, Feuerzeug und den ganzen Krempel so hin und her, dass das Gleichgewicht beider Taschen wiederhergestellt ist.

28 teilen diesen Spleen

Wenn der Kugelschreiber an manchen Stellen nicht schreibt, muss ich die so lange nachfahren, bis keine Lücke mehr da ist.

174 teilen diesen Spleen

Sobald ich eine Tageszeitung sichte, die nicht ordentlich nach Seiten sortiert und ordentlich zusammengefaltet ist, werde ich wahnsinnig. Diese muss dann sofort in Ordnung gebracht werden.

{ 72 } teilen diesen Spleen

Ich muss beim Zähneputzen immer herumlaufen und aufräumen, weil ich so das Gefühl habe, Zeit zu sparen, indem ich Dinge gleichzeitig mache, auch wenn ich deshalb meine Zähne nicht mehr so gut putzen kann!

{ 53 } teilen diesen Spleen

Seit einigen Jahren habe ich mir angewöhnt, mich in der Dusche abzutrocknen. Es macht mich wahnsinnig, wenn das Badezimmer nass wird, es darf kein Tropfen auf dem Boden landen. Auch wenn es schwachsinnig ist, weil ich ja eben geduscht habe. Ich fühle mich besser, wenn außerhalb der Dusche alles trocken ist.

{ 74 } teilen diesen Spleen

Wenn ich mit der rechten Hand gegen etwas stoße, dann muss ich mit der gleichen Kraft auch die linke Hand stoßen. Oder ich trete mit dem rechten Fuß auf etwas Hartes, dann muss ich dieses auch mit meinem linken Fuß machen. Weil sonst mein innerliches Gleichgewicht nicht in Einklang ist und ich nervös werde.

{434} teilen diesen Spleen

Wenn jemand in meiner Umgebung einen grammatikalischen Fehler beim Sprechen macht, muss ich ihn sofort verbessern. Oft ist mir das aber peinlich und ich komme mir besserwisserisch vor. Darum sage ich die verbesserte Version nur sehr leise (so dass es niemand hört), fühle mich aber trotzdem viel besser danach.

{158} teilen diesen Spleen

Bei einer neuen Zeitschrift muss ich erst einmal alle Werbung rausreißen (diese Papp-Seiten und Einlagen), auch Duftproben. Erst dann habe ich ja das wirkliche Heft in der Hand, und außerdem ist es dann auch noch leichter. Werbe-Schnickschnack!

{65} teilen diesen Spleen

Ich schreibe gerne To-do-Listen. Aber noch lieber hake ich die Dinge darauf ab. So kommt es manchmal vor, dass ich Dinge dazuschreibe, die ich schon erledigt habe, nur um sie abhaken zu können.

{150} teilen diesen Spleen

Wenn ich auf einem Tisch etwas sehe, was nicht parallel zur Tischkante steht, muss ich es richtig hinrücken.

{240} teilen diesen Spleen

Die Geldscheine in meiner Geldbörse müssen immer von klein zu groß und Zahl an Zahl liegen.

{ 80 } teilen diesen Spleen

Um Unordnung »unsichtbar« zu machen, werfe ich alles auf einen Haufen und werfe ein Tuch oder einen Schal darüber.

{ 31 } teilen diesen Spleen

CDs MÜSSEN in der Hülle immer so liegen, dass Titel, Interpret etc. direkt zu lesen sind. Wenn ich – auch bei fremden CDs – einen verdrehten Silberling erwische, dann drehe ich die CD in der Hülle, bis oben oben ist und unten unten!

{ 123 } teilen diesen Spleen

Im Supermarkt muss ich immer alle Konservendosen an die vordere Kante rücken und das Etikett nach vorne drehen.

{ 12 } teilen diesen Spleen

Ich muss das Netzteil immer zuerst am Laptop einstecken und dann in der Steckdose. Sonst verschwende ich ja den Strom, der aus der Steckdose kommt, bis ich das Kabel am Laptop habe.

{ 30 } teilen diesen Spleen

Musik ist das Allerwichtigste für mich – und dass sie korrekt getaggt ist. Ich pflege meine Datenbank mit der allergrößten Sorgfalt. Ich könnte nie den Gedanken ertragen, dass der Untertitel eines Liedes zum Beispiel in der Remix-Spalte steht. Außerdem habe ich drei Back-ups, für den Fall, dass eine Festplatte kaputtgeht.

39 teilen diesen Spleen

Wenn ich mit dem Einkaufen fertig bin, habe ich immer eine quadratische Box dabei, in die alles Eckige reinkommt. Das wird dann immer so angeordnet wie bei Tetris. Die Lücken fülle ich mit kleinen, weichen Sachen. Das dauert viel länger, als es müsste, aber eine perfekte Einkaufsbox erfüllt mich mit Freude.

21 teilen diesen Spleen

Bücher müssen wie neu aussehen nach dem Lesen. Man kann auch nicht in Büchern markieren. Sehr unpraktisch fürs Studium, ich arbeite noch daran, mir Arbeitsexemplare zu erlauben. Entweder ich muss alles Relevante mit Seitenzahlen abschreiben oder gefühlte Milliarden von Klebenotizen mit Seitenzahl und Notiz versehen, damit ich weiß, was auf der Seite steht.

76 teilen diesen Spleen

Wenn ich mich an meiner linken Wange kratze, muss ich mich auch an meiner rechten kratzen, weil ich mich sonst unwohl fühle.

44 teilen diesen Spleen

Auf meinem Schreibtisch muss alles geometrisch und symmetrisch oder im goldenen Schnitt angeordnet sein, ansonsten empfinde ich es als unaufgeräumt. Stößt jemand an den Tisch und es verschiebt sich auch nur ein Teil, kann ich nicht mehr konzentriert arbeiten und muss alles noch mal neu ausrichten – auch die Teile, die sich garantiert nicht bewegt haben.

53 teilen diesen Spleen

Ich muss Geldscheine immer »richtig« herum drehen. Auch bei fremden Menschen möchte ich am liebsten ins Portemonnaie greifen und das Geld ordnen. Allein das Wissen, dass die Geldscheine bei anderen nicht richtig liegen, macht mich wahnsinnig.

54 teilen diesen Spleen

Wenn ich einen Einkaufszettel schreibe, muss alles so sortiert sein, wie es auch im Laden sortiert ist. Ich hasse es, wenn ich im Laden nochmal zurückgehen muss.

59 teilen diesen Spleen

Büroklammern gehören IMMER mit der kürzeren Seite nach vorne festgeklemmt. Musste ich während der Ausbildung (vor 20 Jahren) so machen (wehe, wenn nicht!), und mittlerweile kann ich gar nicht mehr anders. Außerdem bilde ich mir ein, die würden so tatsächlich besser halten.

37 teilen diesen Spleen

Ich muss nach dem Abwaschen immer so lange das Wasser weiterlaufen lassen, bis kein Schaum mehr im Spülbecken ist. Schaum im Spülbecken macht mich wahnsinnig!

119 teilen diesen Spleen

Ich puste jedes Mal in die Kaffeetasse, bevor ich die benutze. Aus Angst, es könnte Staub drin sein. Obwohl die Tassen umgedreht in einem geschlossenen Schrank stehen.

14 teilen diesen Spleen

Ich kann es absolut nicht ausstehen, wenn bei mir oder jemand anderem die Socken falsch herum angezogen sind oder verdreht sind, also wenn zum Beispiel die Ferse oben ist.

67 teilen diesen Spleen

Auf öffentlichen Toiletten muss ich immer das Toiletten-papier so drehen, dass das Papier von vorne abgerollt wird. Wenn es von hinten kommt, muss ich die Rolle rumdrehen. Ich hasse das generell.

736 teilen diesen Spleen

Ich kann den Wasserhahn keine Sekunde länger laufen lassen als nötig. Vor allem beim Zähneputzen. Das gilt auch für Wasserhähne, die von anderen Leuten – völlig ohne Grund – nicht zugedreht werden.

51 teilen diesen Spleen

Wenn ich nach Hause komme, muss ich mir als Erstes immer die Hände waschen.

101 teilen diesen Spleen

Meine Haare müssen bis auf das letzte gekämmt sein, sonst werde ich immer verrückt.

46 teilen diesen Spleen

Ich kann unvollständig geschlossene Kreise nicht ertragen. Das geht so weit, dass ich bei handgeschriebenen Texten alle Buchstaben, die einen irgendwie gearteten Kringel enthalten (o, e, b, d …), exakt schließen muss.

15 teilen diesen Spleen

Wenn ich einkaufe und ein Lebensmittel im Regal ist verrutscht oder runtergefallen, dann ordne ich alles wieder richtig an. Ich denk mir dann immer, dass dies doch für den nächsten Kunden nicht schön aussieht. Ganz so, als wär es mein Laden.

{ 14 } teilen diesen Spleen

Ich hasse es, wenn das Toilettenpapier nicht an der vorgedruckten Stelle abgerissen wird. Selbst wenn mir das mal aus Versehen passiert, verfluche ich mich innerlich dafür!

{ 33 } teilen diesen Spleen

Wenn ich meine Wäsche aufhänge, müssen die Farben immer harmonieren. Sollte es dazu kommen, dass aus Platzgründen zwei Kleidungsstücke nebeneinanderhängen, die sich wirklich »beißen«, hänge ich dafür wieder andere Sachen um.

{ 356 } teilen diesen Spleen

Falsche Redewendungen oder Zitate muss ich umgehend richtigstellen. Auch wenn ich dadurch eine ganze Unterhaltung unterbreche.

{ 44 } teilen diesen Spleen

Wenn ich Dinge portionieren muss, zum Beispiel beim Kochen, betreibe ich einen großen Aufwand, um exakt die gleichen Portionen zu erhalten. Wenn ich nicht wiegen kann, dann zähle ich mitunter die Spagetti in einer Packung, um sicher zu sein, dass ich die gleichen Portionen habe.

{ 23 } teilen diesen Spleen

Wenn jemand anders meine Wäsche zusammenfaltet, muss ich sie hinterher meistens noch mal falten, weil sie nicht das richtige Format hat.

{ 8 } teilen diesen Spleen

In meinem Zimmer gibt es Chaosströmungen, so dass ich auf dem Boden immer genau weiß, wo ich etwas suchen muss, und es dann recht schnell finde. Wenn ich mein Zimmer dann doch mal aufgeräumt habe, finde ich die wichtigen Sachen nicht wieder.

{ 57 } teilen diesen Spleen

Immer wenn ich mir ein belegtes Brötchen kaufe oder mir eine Semmel mit Leberkäse machen lasse, muss ich das Brötchen vor dem Essen komplett auseinanderbauen, um es dann wieder »richtig« zusammenzulegen. Es geht gar nicht, wenn sich etwa die Gurken gestapelt in der Mitte befinden oder, noch schlimmer, das Oberteil des Brötchens nicht passend auf das Unterteil gelegt wird. Das macht mich ganz fertig.

{ 45 } teilen diesen Spleen

In meinen Taschen hat alles seinen festen Platz. Mein Schlüsselbund kommt in die rechte Hosentasche, mein Handy in die linke. Der Geldbeutel kommt in die rechte Gesäßtasche und meine Zigaretten und Feuerzeug in die rechte Jackentasche oder in die Bauchtasche meines Hoodies oder die Brusttasche meines Hemds. Sollte ich keine Jacke und kein Oberteil mit Tasche anhaben – aber nur dann –, stecke ich die Zigaretten und Feuerzeug in die linke Hosentasche und das Handy wandert in die linke Gesäßtasche. Wenn diese Ordnung gestört wird, fühlt sich das seltsam an.

{534} teilen diesen Spleen

Ich bin selbsternannter »Schalterautist«, das heißt, bei mir müssen Lichtschalter immer in einer bestimmten Stellung stehen. Ich habe zu Hause, zum Beispiel für Flur und Esszimmer, jeweils zwei Lichtschalter, damit ich, wenn ich durch die Räume gehe, am einen Ende das Licht an- und am anderen Ende das Licht wieder ausmachen könnte. Mache ich aber nicht, weil dann ja am jeweils anderen Ende des Raumes die Lichtschalter in der falschen Stellung zueinander stehen würden.

{24} teilen diesen Spleen

Wenn ich einen Rechtschreibfehler in einem Nachrichtenartikel finde, kann ich den ganzen Artikel nicht ernst nehmen.

{635} teilen diesen Spleen

Geldscheine im Portemonnaie sind immer der Größe nach geordnet und mit dem Bild nach vorn. Saubere und unzerknitterte Scheine wandern nach hinten in ein »Geheimfach« und werden zuletzt ausgegeben, die alten und zerknitterten versuche ich schnell loszuwerden.

{273} teilen diesen Splee

Wenn ich einen leeren Joghurtbecher oder eine ähnlich stabile Plastikpackung habe, dann stopfe ich da anderen Plastikmüll wie Taschentuch- oder Schokoladenverpackungen hinein, weil ich es sonst für Platzverschwendung halte.

{30} teilen diesen Spleen

Immer wenn ich in einer Gaststätte bin, muss ich mein Getränk genau mittig auf den Bierdeckel abstellen. Ich verändere dazu auch unauffällig meinen Blickwinkel, um sicherzugehen, dass das Glas exakt in der Mitte steht. Mittlerweile bin ich allerdings so geübt, dass das Zentrieren nur wenige Sekunden dauert.

{61} teilen diesen Spleen

Stoße ich beim Gehen mit einem Knöchel an den anderen, muss ich die Berührung ausgleichen. Das muss ich so lange machen, bis das Gleichgewicht wiederhergestellt ist. Da aber die Berührung von einer Seite zuerst ausgeht, habe ich oft den Gedanken, dass ein vollendeter Ausgleich nur über lange Zeit (vielleicht sogar mehrere Leben?) verteilt stattfinden kann. Dann halte ich mich für esoterisch und vergesse alles ganz schnell.

{ 36 } teilen diesen Spleen

Bonbonpapier zerknülle ich nicht, sondern falte es ordentlich zusammen und fahre die Faltlinien mit den Fingernägeln nach. Wenn es sich nicht mehr kleiner falten lässt, werfe ich es weg.

{ 5 } teilen diesen Spleen

Weil ich mit zerwuschelten Augenbrauen grenzdebil wirke, ordne ich sie regelmäßig, indem ich mit Zeige- und Mittelfinger beide Brauen nach außen hin glattstreiche.

{ 7 } teilen diesen Spleen

Ich muss leere Tetrapaks immer fein säuberlich zusammenlegen und dann den Deckel wieder draufdrehen. Wenn die jemand lieblos zerknautscht oder gar nicht platt macht, muss ich sie wieder aus dem gelben Sack holen.

{ 79 } teilen diesen Spleen

Ich lege sauberes Geschirr oder Besteck im Schrank oder im Besteckkasten immer ganz nach unten, damit alles gleichmäßig abgenutzt werden kann.

{ 17 } teilen diesen Spleen

Ich kann nicht ruhigen Gewissens duschen, wenn das Badezimmer dreckig ist. Ich hab danach immer das Gefühl, dreckiger zu sein als vorher! Es kommt daher vor, dass ich vor dem Duschen (manchmal auch schon ausgezogen! Nacktputzen!) noch schnell anfange, das Bad sauberzumachen. Wenn alles nichts hilft, dann mache ich einfach meine Kontaktlinsen raus, solange ich im Badezimmer bin, dann kann ich den Dreck nämlich nicht sehen! Ha!

{ 35 } teilen diesen Spleen

Wenn ich Pralinen esse, muss ich sie so aus der Packung nehmen, dass die, die übrig bleiben, ein symmetrisches Muster ergeben. Wenn das nicht geht, nehm ich entweder gleich zwei und esse sie auf einmal oder aber ich sortiere alle übrigen um – ja, das heißt, dass ich sie alle anfasse! Wenn es dann trotzdem noch jemanden gibt, der eine essen möchte, sage ich ihm, welche er nehmen darf, damit das Muster schön bleibt.

{ 28 } teilen diesen Spleen

Ich achte penibel darauf, dass kein Stromverbraucher an ist, der nicht genutzt wird. Das mache ich aber nicht nur bei mir zu Hause, sondern auch auf der Arbeit oder in öffentlichen Gebäuden. Ich freue mich dann immer, ein bisschen Strom zu sparen, wenn ich zum Beispiel tagsüber irgendwo im Treppenhaus das Licht ausmache, wo es nicht gebraucht wird. Ich überlege mir dann auch, wie viel

Watt die Lampen ungefähr haben und wie viel Strom ungefähr gespart wird, wenn sie nicht irgendjemand blöderweise wieder anmacht.

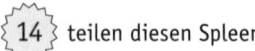 **14** teilen diesen Spleen

Außenwirkung

Die Körpertäuschung ist nicht nur im Sport ein geeignetes Mittel, um ahnungslose Gegner aussteigen zu lassen. Auch im sozialen Kontext erfreut sich die clevere Finte größter Beliebtheit. Im Laufe unseres Lebens entwickeln wir zahlreiche Signaltechniken – man kann auch sagen: dreckige Bluffs –, die Dritten ein bestimmtes Bild von uns suggerieren sollen. Viel seltener als vermutet stecken dahinter niedere Beweggründe, viel öfter der Wunsch nach Anerkennung oder das Kaschieren der eigenen Unsicherheit. Das Problem: Wo immer Signale gesendet werden, können Signale falsch interpretiert werden. Und dann wird's verspleent.

Jedes Mal wenn ich eine Person im Rollstuhl sehe, versuche ich, möglichst unauffällig zu laufen und ja nicht zu hüpfen oder Ähnliches, weil ich die Person im Rollstuhl nicht neidisch machen will.

{ 19 } teilen diesen Spleen

Wenn ich mit meinen Eltern telefoniere, lüge ich immer, um das Gespräch abzukürzen: Mein Chef kommt gerade rein, ich muss Schluss machen.

{ 55 } teilen diesen Spleen

Wenn ich mir bei McDonald's zwei Menüs zum Mitnehmen bestelle, nehme ich immer unterschiedliche Getränke und Saucen, damit die Angestellten denken: »Ah ja, der bringt jemandem was mit, der isst das nicht alleine!«

{ 4 } teilen diesen Spleen

Wenn ich registriere, dass mich ein Mädchen ansieht, mache ich immer die Stirn kraus wie Colin Farrell. Fühle mich dann interessanter.

{ 17 } teilen diesen Spleen

Wenn ich mit anderen spreche, schaue ich ihnen auf den Mund oder auf die Nase, weil ich keinem gleichzeitig in beide Augen sehen kann.

{80} teilen diesen Spleen

Ich finde, dass Warentrenner auf dem Kassenband für alle hilfreich sind, lege aber nie einen hin, weil ich Angst habe, man hält mich für ekelhaft deutsch.

{24} teilen diesen Spleen

Wenn Menschen mir gegenüber unbegründet unfreundlich sind, bin ich immer umso freundlicher zu ihnen. Ihre Wut darüber macht mich richtig glücklich.

{100} teilen diesen Spleen

Ich hasse es, entfernte Bekannte im Supermarkt zu treffen. Meine Einkäufe gehen niemanden etwas an, und genauso wenig will ich wissen, was die sich zum Abendessen machen.

{64} teilen diesen Spleen

Ich schäme mich, über Fußgängerampeln zu gehen. Ich denke immer, die Autofahrer sind sauer auf mich, weil sie wegen mir anhalten müssen. Ich gehe dann meist mit gesenktem Kopf über die Straße, damit die mich nicht irgendwann wiedererkennen und umbringen. Wenn mich einer dann aus dem Auto anguckt, kriege ich richtig Angst. Ich denke immer, der will sich mein Gesicht merken. Bei Zebrastreifen ist das ganz anders, da bestehe ich auf mein Recht, dass die gefälligst alle anhalten.

 8 teilen diesen Spleen

Ich bin mir bei 80% meiner Freunde immer noch nicht sicher, ob ich sie umarmen oder ihnen die Hand geben soll.

 23 teilen diesen Spleen

Wenn ich in ein Geschäft gehe und nichts finde, was mir gefällt, fühle ich mich beim Verlassen des Ladens immer von den Verkäufern beobachtet, so als hätte ich was gestohlen.

411 teilen diesen Spleen

Wenn ich im Büro statt zu arbeiten im Internet surfe, dann ziehe ich immer ein ernstes Gesicht und lege meine Stirn in Falten, wenn jemand an mir vorbeiläuft, damit ich aussehe, als ob ich über etwas Schwieriges oder Wichtiges nachdenke.

218 teilen diesen Spleen

Manchmal gehe ich in den Garten kacken, damit potentielle Einbrecher denken, ich hätte einen großen Hund.

2 teilen diesen Spleen

Jedes Mal wenn ich gähne, tränen meine Augen danach fürchterlich! Wenn andere Personen dabei sind, versuche ich, meine Augen zu verbergen, weil ich Angst habe, dass es so aussieht, als ob ich einfach grundlos heule. Vielleicht denken manche sogar, ich wäre depressiv oder habe psychische Probleme!

18 teilen diesen Spleen

Ich muss in Diskussionen IMMER die Position des Advocatus Diaboli einnehmen. Egal wie unmoralisch oder verrückt meine Thesen sind. Hauptsache, meinem Gegenüber wird klar, dass er nicht alles bedacht hat.

64 teilen diesen Spleen

Wenn ich in der Bahn sitze und ein Kontrolleur kommt herein, bekomme ich immer totale Panik, dass ich meinen Fahrschein verloren habe oder ich ihn nicht in meiner Tasche finde und alle dann denken, ich wäre schwarzgefahren.

187 teilen diesen Spleen

Wenn ein teures oder übertrieben getuntes Auto an mir vorbeifährt, starre ich extra in die andere Richtung, um dem Autofahrer die Aufmerksamkeit zu verwehren. Der Gedanke an einen Autofahrerproll, der sich fühlt wie Krösus, weil alle ihm hinterherstarren, stimmt mich hochgradig aggressiv.

256 teilen diesen Spleen

Ich hasse es, zu früh zu einer Verabredung in einem Lokal zu erscheinen und mich dann alleine hinsetzen zu müssen. Wenn es eine größere Gruppe ist, die ich treffe, rufe ich vorher an, ob schon jemand da ist. Ich will einfach nicht schon vorab reingehen und alleine an einem Tisch sitzen. Auch reingehen, um festzustellen, dass niemand da ist, und das Lokal wieder verlassen, finde ich ganz schrecklich. Ich kann es wirklich nur betreten, wenn ich weiß, dass die anderen schon drinsitzen. Entweder kläre ich das ab oder ich verspäte mich absichtlich.

77 teilen diesen Spleen

Wenn ich im Wartezimmer beim Arzt sitze, überprüfe ich immer, ob die Symptome, wegen denen ich zum Arzt gegangen bin, noch da sind. Bei Bedarf versuche ich, die Symptome mental zu verstärken. Mir graust es davor, dass ich wie ein Hypochonder dastehe.

240 teilen diesen Spleen

Wenn ich mich hinsetze und es ein Knarzen oder Quietschen gibt, versuche ich krampfhaft, das Geräusch zu wiederholen, um klarzustellen, dass das Geräusch vom Sitzmöbel kommt und nicht etwa von oder aus mir.

{374} teilen diesen Spleen

Wenn mich eine unbekannte Person auf der Straße oder im Supermarkt etwas fragt, ich darauf antworte und die Person sich daraufhin für die Antwort bedankt, bedanke ich mich reflexartig auch immer und merke erst dann, dass es gar keinen Grund gibt, sich zu bedanken. Danach schaue ich zwei Sekunden blöd ins Leere.

{116} teilen diesen Spleen

Manchmal setze ich mir in Bus und Bahn meine Kopfhörer auf, ohne Musik zu hören, damit mich nicht irgendwelche Fremden ansprechen. Dabei wurde ich nicht einmal ohne Kopfhörer jemals von Fremden in einem öffentlichen Verkehrsmittel angesprochen.

{94} teilen diesen Spleen

Wenn ich im Supermarkt ungesunde Lebensmittel einkaufe, verstecke ich sie auf dem Kassenband immer unter den gesunden Sachen.

{71} teilen diesen Spleen

Manchmal kann ich ein Telefonat nicht beenden. Und mein Gegenüber quasselt und quasselt und quasselt. Dann tue ich so, als könnte ich den anderen plötzlich nicht mehr hören: Was? Hä? Bist du noch dran? Und dann lege ich einfach auf. Manchmal drücke ich auch das Handy einfach aus und behaupte hinterher, der Akku war leer.

55 teilen diesen Spleen

Obwohl ich zu 100% verstanden habe, was mein Gegenüber mir erzählt hat, frage ich doch meistens noch mal nach, was er gemeint hat. Wenn er es mir dann noch mal sagt, denke ich mir: »Warum frag ich eigentlich?«

137 teilen diesen Spleen

Immer wenn ich beim Friseur bin und dieser am Ende den Spiegel so hält, dass ich die neue Frisur von allen Seiten bestaunen kann, finde ich das extrem unangenehm und muss vorspielen, dass ich zufrieden bin. Danach gehe ich mit doppeltem Schritttempo nach Hause, um mir die Haare zu waschen und selbst zu stylen. Erst dann fühle ich mich besser.

115 teilen diesen Spleen

Wenn mir jemand zu lang von etwas erzählt, schalte ich irgendwann ab und male mir willkürliche Situationen aus – vergleichbar mit J.D. aus *Scrubs*.

45 teilen diesen Spleen

Wenn ich fremde Menschen um mich habe (zum Beispiel an der Supermarktkasse), versuche ich, leise, wenig und flach zu atmen, da es mir unangenehm ist, wenn man mich atmen hört. Entsprechend schnell bekomme ich dann auch tatsächlich Atemprobleme.

30 teilen diesen Spleen

Wenn ich mich auf Gespräche vorbereite, gehe ich vorher im Kopf noch mal durch, was ich sagen will. Sogar beim Bäcker gebe ich nie eine Bestellung auf, die ich im Kopf nicht vorher durchgegangen bin.

212 teilen diesen Spleen

Ich zeige mich nie nackt vor Haustieren. Genauso will ich nicht, dass mich Haustiere beim Sex sehen.

26 teilen diesen Spleen

Wenn ich im Ausland fremde Leute Deutsch sprechen höre, verstumme ich entweder augenblicklich oder ich spreche mit meinen Mitreisenden irgendeine andere Sprache, damit die fremden Deutschsprecher nicht merken, dass wir auch Deutsche sind. Irgendwie hätte ich Angst vor bekloppten Verbrüderungsgesten, und es ist so schön, wenn man mal nicht von jedem verstanden wird.

70 teilen diesen Spleen

Ich hasse telefonieren. Also immer wenn ich ein Telefonat führen »muss« (das kann ein Anruf beim Arzt sein oder auch bei einer Freundin), gehe ich vorher im Kopf genau durch, was ich als Erstes sagen werde: »Hallo, hier ist xy, ich wollte einen Termin machen.« Oder: »Kann ich mal die xx sprechen?«. Albern ... oder?!

157 teilen diesen pleen

Wenn ich es mir mit dem Essen einfach machen möchte und im Supermarkt zu Pizza, Pommes oder Tiefkühl-Lasagne greife, fühle ich mich den anderen Einkäufern gegenüber immer so ungesund. Deswegen kaufe ich zu den oben genannten Sachen auch immer eine Salatgurke oder einen Kopfsalat. Damit sollen die anderen denken: »Ahhh, so ungesund ernährt die sich doch gar nicht!« Das Grünzeug schenke ich dann meinen Mitbewohnern. Ich weiß, wie bescheuert das ist.

17 teilen diesen Spleen

Wenn ich zu Hause auf der Couch liege und fernsehe, antworte ich auf WhatsApp- oder Facebook-Nachrichten nie sofort. Ich möchte, dass die anderen denken, ich sei schwer beschäftigt und hätte irgendetwas Wichtiges zu tun.

244 teilen diesen Spleen

Wenn ich in der Bahn sitze und aus dem Fenster schaue, befürchte ich, dass andere Fahrgäste denken, dass ich mich selbst angucke. Ich vermeide es, mein Spiegelbild in der Fensterscheibe zu betrachten, auch wenn mir grad danach ist. Und wenn, dann mache ich es immer ganz flüchtig und hoffe, dass es niemand mitbekommt. Ich möchte absolut nicht, dass andere mich für arrogant halten.

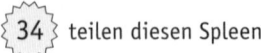 **34** teilen diesen Spleen

Ich erwische mich immer wieder dabei, wenn ich mit anderen Leuten Filme gucke, dass ich zu ihnen rüberschiele und mich vergewissere, wie sie auf Szenen reagieren, bevor ich lache. Ich habe Angst, in deren Augen einen schrägen oder ›falschen‹ Humor zu haben oder die Witze im Film nicht zu verstehen. Selbst bei meinem Freund mache ich das. Wenn ich es merke, versuch ich damit aufzuhören, aber es passiert mir immer wieder. Besonders schlimm ist es, wenn ich den anderen Videos oder Filme zeige, die ich selbst als witzig angepriesen habe.

49 teilen diesen Spleen

Wenn ich Besuch erwarte, muss ich immer die ganze Wohnung blitzblank putzen. Ich habe höllische Angst davor, dass jemand denken könnte, bei mir sei es nicht sauber und ich wäre unhygienisch. Wenn alles sauber ist und der Besuch kommt, entschuldige ich mich immer dafür, dass nicht richtig aufgeräumt sei, weil ich keine Zeit dazu gehabt hätte. So denkt er, dass es normalerweise noch besser bei mir aussieht, und ich fühle mich wohler.

{364} teilen diesen Spleen

Immer wenn ich krank bin und aus dem Haus oder zur Schule muss, schminke ich mich weniger als sonst, weil ich sonst das Gefühl habe, dass ich zu gesund aussehe und andere denken könnten, ich hätte mir die Grippe nur ausgedacht.

{30} teilen diesen Spleen

Wenn ich morgens vergesse, meinen Schmuck anzulegen, fühle ich mich den ganzen Tag irgendwie nackt.

{50} teilen diesen Spleen

Immer wenn ich irgendwo anrufe, muss ich, während es tutet, meine Stimme mit einem kurzen »Hallohallo« testen, nicht dass sie brüchig oder so ist, wenn der andere drangeht.

{24} teilen diesen Spleen

Wegen meines Berufes kennen mich viele Leute im Dorf. Nette und auch nervige. Letztere möchte ich nicht unbedingt grüßen und denke mir dann immer kleine Inszenierungen aus, wegen derer ich die Person leider, leider nicht sehen und somit leider, leider auch nicht grüßen kann. (Geht natürlich nur, wenn die Person im Auto vorbeifährt oder die gegenüberliegende Straßenseite benutzt.) Ich bleibe z. B. stehen, reiße meine Tasche auf und wühle so lange darin, bis die Person weitergegangen/-gefahren ist, oder ich nehme mein Handy heraus und drücke geschäftig darauf herum. Oder ich drehe mich genau im entscheidenden Moment um und schaue in die Richtung, aus der ich komme, als ob es dort etwas super Wichtiges zu sehen gäbe. Natürlich könnte ich auch einfach grüßen. Wäre lange nicht so aufwändig. Aber ich freue mich richtig, wenn ich mal wieder einem Zwangsgruß entgangen bin.

{133} teilen diesen Spleen

Wenn ich auf öffentliche Toiletten (etwa in der Uni, in Restaurants) gehe, beeile ich mich extrem, damit es für andere nicht so aussieht, als würde ich ein »großes Geschäft« machen. Das wäre mir sehr peinlich.

{56} teilen diesen Spleen

Ich laufe keinen Bussen oder Bahnen hinterher, ansonsten würde ich ja keuchend im Gang stehen und alle denken: Was keucht der Spinner da rum, ist der pervers?

{63} teilen diesen Spleen

Ich bringe meine Armeen allein ausgetrunkener Bierflaschen immer montags weg. Dann denken die Mitarbeiter in meinem Penny logischerweise: Der wird am Wochenende schon wieder eine Party bei sich geschmissen haben.

{ 8 } teilen diesen Spleen

Immer wenn ich mit Kopfhörern Musik höre, weiß ich nicht, ob ich eigentlich normal atme. Wenn ich zum Beispiel im Zug sitze, habe ich Angst, dass sich meine Atmung komisch anhört, und achte extrem darauf, bis ich merke, dass mir schwindelig wird. Dann muss ich die Kopfhörer für ein paar Sekunden abnehmen, um sicherzugehen, dass in der Geräuschkulisse sowieso niemand meine Atmung hören kann.

{ 269 } teilen diesen Spleen

Wenn ich nachts aufs Klo gehe und dann spüle, muss ich mir immer die Ohren zuhalten. Irgendwie denke ich immer, das Geräusch sei nicht mehr ganz so laut, also wecke ich auch meine Eltern nicht, wenn ich selbst es nicht höre.

{ 16 } teilen diesen Spleen

Ich liebe es, Fremden in die Augen zu gucken und sie anzulächeln. Wenn diese dann auch noch zurücklächeln, macht mich das immer ganz happy.

{ 60 } teilen diesen Spleen

Wenn ich eine SMS oder eine Mail verschickt habe, muss ich ganz oft noch mal unter den gesendeten Nachrichten schauen, ob mir kein Fehler unterlaufen ist. Finde ich keinen, erfreue ich mich an meinen gelungenen Formulierungen.

{116} teilen diesen Spleen

Wenn ich alleine an einer Bushaltestelle stehe oder unterwegs bin und an einem Ort vorbeigehe, an dem sich viele Leute aufhalten, nehme ich immer mein Smartphone aus der Tasche und täusche vor, dass ich gerade eine SMS oder so schreibe. Wenn ich das nicht mache, habe ich das Gefühl, dass mich alle anschauen und sich denken, dass ich keine sozialen Kontakte habe.

{200} teilen diesen Spleen

Wenn möglich, zeige ich den Leuten meine linke Gesichtshälfte, da dies meine »Schokoladenseite« ist. Im Alltag äußert sich das unter anderem so:
Ich schaue nach rechts, wenn mir links jemand entgegenkommt.
Ich setze mich so an einen Tisch, dass meine linke Körperhälfte »in den Raum zeigt«.
Ich schaue mich im Spiegel immer seitlich an.
Ich stütze meinen Kopf immer auf den rechten Arm.

{15} teilen diesen Spleen

Wenn ich bei jemandem zu Besuch bin und aufs Klo muss, aber keinen Bock habe, mir danach die Hände zu waschen, lasse ich einfach den Wasserhahn für einige Sekunden laufen. Damit alle denken, dass ich mir die Hände gewaschen habe.

{127} teilen diesen Spleen

Ich kann einfach nicht mehr normal gehen, wenn ich weiß, dass sich jemand hinter mir aufhält. Ich denke dann, der beobachtet mich und analysiert meinen Gang, so dass ich versuche, möglichst »normal« zu laufen.

{647} teilen diesen Spleen

Ich kann die Uhr lesen. Das ist kein Problem. Nur fragt mich jemand nach der Uhrzeit, werde ich innerlich so nervös, dass ich es nicht kann. Das liegt daran, weil mir nur Gedanken durch den Kopf schießen wie: »Oje, wenn ich zu lange brauche, denkt die Person, ich kann die Uhr nicht lesen.« Meine Lösung: Ich halte der Person meine Uhr einfach vor die Nase.

{83} teilen diesen Spleen

Ich schaue meinem Gegenüber immer zuerst auf die Schuhe. Sind diese für mein Empfinden nicht schön, ist mir mein Gegenüber sofort unsympathisch.

{38} teilen diesen Spleen

Bevor ich bei einem Unternehmen oder so anrufe, spreche ich die Anrede zig Mal in Gedanken durch und bereite mich auf eventuelle Fragen vor, um nicht Gefahr zu laufen, vom Gesprächspartner als Vollidiot abgestempelt zu werden. Das geht teilweise so lange, dass ich erst eine Stunde später anrufe, obwohl ich beim Anruf selbst einfach drauflosstottere und nichts von dem ausgedachten, eventuell schlau klingenden Zeug sage. Selbst bei einem Facebook-Beitrag lese ich mir alles mehrmals durch, bevor ich es abschicke, und schreibe öfter alles wieder um, da Rechtschreibung, Wortwahl und Grammatik perfekt sein müssen. Dabei beherrsche ich weder die Rechtschreibung noch die Grammatik in diesem Ausmaß. (Dieser Beitrag hat elendig lange gedauert.)

187 teilen diesen Spleen

Ich erfinde Freunde, mit denen ich angeblich dies und das unternehme, weil ich vor anderen nicht zugeben will, dass ich 90 % des Tages online oder vorm Fernseher verbringe.

39 teilen diesen Spleen

Wenn beim Einkaufen im Supermarkt eine andere Person das Regal versperrt und ich nicht ohne Weiteres an mein gewünschtes Produkt komme, tue ich so, als würde ich nach etwas anderem suchen, bis die Person weitergeht.

207 teilen diesen Spleen

Ich versuche, die Imbisse, die ich besuche, regelmäßig zu wechseln, um nicht in Stammkundengespräche verwickelt zu werden. Vertrautheit ist mir in diesem Bereich zuwider.

25 teilen diesen Spleen

Wenn ich einer Person von Weitem entgegenlaufe, etwa einem Nachbarn, den man nur vom Begrüßen im Treppenhaus kennt, gucke ich nach der Sichtung immer schnell wieder in eine andere Richtung, weil ich das irgendwie seltsam finde, einen Fremden so lange anzustarren oder anzulächeln. Kurz bevor sich unsere Wege kreuzen, kann ich wieder Blickkontakt herstellen und grüßen.

174 teilen diesen Spleen

Ich spreche ständig mit mir selbst. Nicht nur laut, auch in Gedanken. Wobei das laute Sprechen natürlich am auffälligsten ist. Wenn ich nicht darauf achte, mache ich das auch in der Öffentlichkeit, was wirklich peinlich sein kann!

55 teilen diesen Spleen

Ich fühle mich davon provoziert, wenn die Menschen, mit denen ich mir Nachrichten schreibe, drei Punkte hinter ihre Antworten setzen (beispielsweise »okay…«). Ich denke immer, dass da mehr hintersteckt, als sie zugeben wollen, und dass sie mich absichtlich durch diese Punkte in den Wahnsinn treiben möchten, weil ich ja nicht weiß, was dahintersteckt. Das macht mich so aggressiv, dass ich versuche, sie durch schleierhafte Antworten gleichermaßen in den Wahnsinn zu treiben, weil sich das für mich wie ausgleichende Gerechtigkeit anfühlt.

36 teilen diesen Spleen

Wenn mein extrem lustiger Status auf Facebook nach 15 Minuten kein Like oder Kommentar hat, lösch ich ihn wieder. Manchmal frag ich sogar Freunde, ob sie ihn liken, denn einen ungelikten Status finde ich peinlich!

25 teilen diesen Spleen

Wenn mich jemand ignoriert, suche ich nach Fehlern bei mir. Ich denke immer, ICH habe was falsch gemacht. Auf Dauer ist das echt nervig.

64 teilen diesen Spleen

Wenn ich Gurken, Zucchini oder Auberginen – sprich: längliches Gemüse – im Supermarkt begutachte, habe ich Angst, dass die Menschen um mich herum denken könnten, ich würde mir das Gemüse auf seine Qualität als Sexspielzeug hin ansehen. Das führt dann dazu, dass ich versuche, EXTREM normal damit zu hantieren. Ich vermute, dass das EXTREM auffällig aussieht.

23 teilen diesen Spleen

Ich kann niemandem lange Zeit in die Augen schauen, ohne dass es mir peinlich wird.

277 teilen diesen Spleen

Immer wenn ich joggen gehe und mir extrem fette Menschen entgegenkommen, motiviert mich dieser Anblick so sehr, dass ich das Tempo anziehe und manchmal sogar eine Extra-Runde einschiebe. Zu Hause dann erst mal 'ne Cola light ...

17 teilen diesen Spleen

Wenn ich mit jemand Wichtigem spreche, dann höre ich ihm nicht richtig zu, sondern konzentriere mich darauf, dass meine Hände nicht feucht sind, wenn er sie schüttelt.

40 teilen diesen Spleen

Manchmal rasiere ich meinen Körper nur, weil ich Angst habe, umzuklappen und ins Krankenhaus zu müssen. Ich will nicht, dass Ärzte und Schwestern sich vor meinem »zugewucherten« Körper ekeln. Ich war übrigens noch niemals in meinem Leben im Krankenhaus.

41 teilen diesen Spleen

Auf wichtige Mails antworte ich nicht sofort, sondern lasse mir etwas Zeit, damit der Konversationspartner nicht das

Gefühl bekommt, ich hätte die Entscheidung auf die leichte Schulter genommen.

{ 51 } teilen diesen Spleen

Wenn ich Menschen auf der Straße oder im Bus erkenne, mit denen ich nur oberflächlichen Kontakt habe, tue ich so, als habe ich sie nicht gesehen, krame in der Tasche rum oder bin ganz konzentriert beim Lesen. Mir ist belangloser Small Talk so unangenehm, dass ich inzwischen Meister darin bin, Leute schon von sehr weit her zu sehen. Falls sie doch »Hallo« sagen, tue ich ganz überrascht.

{ 407 } teilen diesen Spleen

Ich schäme mich, wenn ich auf der Straße eine Banane esse. Äpfel sind kein Problem.

{ 13 } teilen diesen Spleen

Wenn ich pupsen muss und Menschen in der Nähe sind, die es hören könnten, huste ich zeitgleich, um das Geräusch zu überdecken.

{ 49 } teilen diesen Spleen

Wenn ich ein neues Profilbild auf Facebook hochlade, muss ich jedes Mal, wenn eine neue Person das Bild liked, mir das Foto aus der Perspektive derjenigen Person ansehen. Dann überlege ich ganz lange, was dieser Person wohl so als Erstes auf dem Bild auffällt und was sie generell darüber denkt. Danach komme ich immer ins Grübeln, ob ich das Foto nicht doch lieber wieder schnell löschen sollte und ob es vielleicht super unvorteilhaft und voll peinlich ist.

29 teilen diesen Spleen

Ich setze bei der Arbeit immer Kopfhörer auf – oft ohne etwas darüber zu hören –, damit mich niemand anspricht.

276 teilen diesen Spleen

Wenn jemand gleichzeitig wie ich sein Glas zum Trinken ansetzt, muss ich warten, damit wir nicht gleichzeitig trinken. Oder ich trinke länger, damit wir das Glas nicht gemeinsam absetzen. Das kommt mir seltsam vor, und ich muss mir dabei vorstellen, wie merkwürdig das von außen aussehen würde.

13 teilen diesen Spleen

Wenn bei Klassenarbeiten der Lehrer hinter mir stehen bleibt, kann ich mich nicht mehr konzentrieren, weil ich Angst habe, etwas Falsches hinzuschreiben und der Lehrer sich dann denkt, dass ich dumm bin. Deshalb versuche ich zwanghaft, so auszusehen, als ob ich nachdenken würde.

129 teilen diesen Spleen

Immer wenn ich an einem Zebrastreifen oder einem anderen Straßenübergang stehe und mich ein Autofahrer freundlich weiterwinkt, beeile ich mich und husche über die Straße, um der Person so wenig Umstände wie möglich zu bereiten.

{228} teilen diesen Spleen

Wenn ich mit Menschen spreche, imitiere ich unbewusst deren Körperhaltung, Mimik und Sprechweise, was leider so weit geht, dass ich mit Türken mit türkischem Akzent spreche und mit Lisplern lisple. Ich kann es nur unter großer Anstrengung unterlassen, und wenn, dann habe ich den Drang, diese Menschen sofort zu imitieren, sobald sie außer Sichtweite sind!

{83} teilen diesen Spleen

Wenn ich mit Leuten rede, kann ich ihnen nur in ihr rechtes Auge schauen. Wenn ich davon zu sehr abgelenkt werde, schaue ich den Leuten zwischen die Augen und hoffe, dass sie nicht merken, wie abwesend ich bin.

{42} teilen diesen Spleen

Ich ärgere mich, wenn ich allein bin, oft besonders ausgiebig und laut über mich selbst, wenn mir etwas runterfällt, kaputtgeht oder verlorengegangen ist. Obwohl niemand in Sicht- oder Hörweite ist, bilde ich mir ein, jemand könnte mich beobachten und ansonsten feststellen, dass meine Ungeschicktheit totale Routine und überhaupt nicht überraschend für mich ist.

47 teilen diesen Spleen

Beim Händeschütteln verpasse ich total oft die Hand meines Gegenübers. Deswegen muss ich mich immer richtig darauf konzentrieren, sie zu treffen! Und weil ich so beschäftigt mit dem Treffen bin, kann ich mir den Namen meines Gegenübers nicht merken. Oder, noch peinlicher, ich wiederhole den Namen und gebe ihn als meinen eigenen aus. Einfach weil Multitasking nicht so meine Stärke ist.

290 teilen diesen Spleen

Ich habe eine App zum Joggen, die meine Kilometer und Zeit trackt. Zusätzlich gibt es die Möglichkeit, beides auf Facebook zu teilen. Jeden zweiten »Lauf« bestreite ich mit dem Fahrrad.

2 teilen diesen Spleen

Jedes Mal wenn ich an einem Spiegel vorbeilaufe, bleibe ich stehen und betrachte mein Spiegelbild. Dabei ziehe ich Grimassen, runzle die Stirn, schaue wütend oder traurig und übe mein Fotolächeln.

28 teilen diesen Spleen

Wenn in meiner Nähe zwei oder mehr Leute lachen, denke ich immer, dass die über mich lachen. Schrecklich, so was.

90 teilen diesen Spleen

Ich hasse es, wenn meine Frisur nicht sitzt. Wenn auch nur eine Haarsträhne im Gesicht klebt, macht mich das wahnsinnig. Ich habe dann keine Ruhe, bis meine Frisur wieder komplett unverändert sitzt.

31 teilen diesen Spleen

Ich benutze nur undurchsichtige Mülltüten, damit die Nachbarn meinen Müll in der Gemeinschaftstonne nicht begutachten können.

11 teilen diesen Spleen

Wenn ich mich mit Frauen unterhalte, die einen großen Busen haben und Dekolleté zeigen, traue ich mich nicht, direkt hinzuschauen. Sobald sie es nicht sehen oder bemerken können, schaue ich aber hin. Bei einer Unterhaltung weiß ich nicht, wohin ich schauen soll, und schaue ihnen bewusst in die Augen und versuche, den Blick nicht zu senken.

19 teilen diesen Spleen

Wenn ich irgendwo unterwegs bin und zum Beispiel merke, dass ich in die falsche Richtung laufe, tue ich so, als würde ich jemanden anrufen, und spreche äußerst laut: »Oh, hallo, wo bist du denn? Ah, ach so, du bist an Ort xy. Ja, ich dreh jetzt um und komme zu dir. Bis gleich.« Ich möchte nicht, dass die Leute denken, ich hätte keinen Orientierungssinn, oder dass sie sich wundern, warum ich ein zweites Mal an der gleichen Stelle vorbeigehe.

39 teilen diesen Spleen

Ich hasse es, wenn fremde Leute mir beim Essen zusehen. Dann »verkrampft« sich mein Mund, und ich kann nicht mehr richtig kauen. Ich versuche dann immer, mich unauffällig wegzudrehen, damit sie mich nicht beobachten können.

199 teilen diesen Spleen

Wenn mir beim Joggen jemand entgegenkommt, würde ich NIEMALS gehen, sondern versuchen, möglichst cool und sportlich weiterzulaufen, selbst wenn ich aus dem letzten Loch pfeife und besser mal einen Gang zurückschalten würde. Es könnte mich ja jemand für ein Weichei halten. Kommt jemand um die Ecke, während ich gerade eine Gehpause einlege, dann tue ich so, als müsste ich mir die Nase putzen oder irgendetwas an meiner Pulsuhr checken.

71 teilen diesen Spleen

Wenn ich pupsen muss, lasse ich vor meinen engsten Freunden schon mal einen fahren. Doch wenn ein Neuer in die Clique kommt, muss ich ihm erst vertrauen können, bevor ich vor ihm pupse.

19 teilen diesen Spleen

Wenn ich in der Öffentlichkeit mit jemandem telefoniere, derjenige aber im Streit oder so einfach auflegt, warte ich immer noch einen Moment und sage etwas wie »ja, o. k. … hm, alles klar, ja, tschüss«, damit niemand der Umstehenden denkt, dass ich so doof bin, dass mir einfach der Hörer aufgeknallt wird!

41 teilen diesen Spleen

Wenn mich jemand anruft, dann gehe ich schnell in einen Raum, wo ich alleine bin, und laufe während des Telefonats in einem bestimmten Muster im Raum umher. Wenn jemand den Raum betritt, gehe ich woandershin, wo ich alleine bin. Ich mag es nicht, wenn mir jemand beim Telefonieren zuhört.

534 teilen diesen Spleen

Nachdem ich mir die Haare gestylt habe, sehen sie recht gut aus. Dann fasse ich so oft rein, weil ich meine, dass ich es noch verbessern müsste, bis es scheiße aussieht.

16 teilen diesen Spleen

Am Bahnhof scheue ich mich davor, auf den Fahrplan zu gucken, weil ich Angst davor habe, andere könnten von mir denken, ich wisse nicht, wo ich hinmöchte. Ich versuche, schon alle Umsteigestationen und Uhrzeiten zu Hause im Voraus auswendig zu lernen.

15 teilen diesen Spleen

Wenn mir jemand die Tür aufhält, gerate ich sofort unter Druck.
Ich fühle mich verpflichtet und fange an zu rennen.

272 teilen diesen Spleen

Wenn ich grad keine neuen Mails bekomme (was ich häufig checke), lese ich meine eigenen, gesendeten.

165 teilen diesen Spleen

Immer wenn ich über eine rote Ampel gehe, an der andere Menschen warten, kriege ich so ein bescheuertes, pubertäres Grinsen ins Gesicht, als wäre ich cooler als die anderen.

13 teilen diesen Spleen

Ich mache mir Knutschflecken mit dem Staubsauger, damit meine Eltern denken, ich hätte ein Liebesleben.

1 teilt diesen Spleen

Ängste

Monster, Mörder, Außerirdische, Riesen-Blutegel – als Kinder haben wir unterm Bett so ziemlich alles vermutet. Nur nicht das friedliche Nichts. Diese beachtliche Phantasieleistung bewahren sich viele Menschen bis ins hohe Alter. Nur redet der Mittdreißiger nicht mehr darüber, dass er Nacht für Nacht mit Anlauf ins Bett springt, damit niemand nach seinen Knöcheln schnappen kann. Dabei muss es nicht immer der Wahnsinnige mit der Kettensäge sein. Manchmal ergreift uns auch die nackte Panik vor der Kassiererin, wenn die Unterschrift auf dem EC-Karten-Beleg von der Unterschrift auf der EC-Karte abweicht. Andere verschanzen sich unter Tischen, wenn es an der Tür klingelt, hat sich vorher kein Besuch angekündigt. Eigentlich ist Angst eine phantastische Sache, sorgt sie doch für einen Anstieg des Adrenalinspiegels, was uns kurzfristig leistungsfähiger macht. Für die Flucht vor Tieren, Feinden oder Wurstenden.

Mein größter Horror ist, dass die Alarmanlage eines Geschäfts wegen mir losgeht und Menschen glauben, ich hätte etwas geklaut. Ich könnte einfach nicht mit dieser Scham leben! Darum muss ich auch nach jedem Einkauf noch mal überprüfen, ob ich nicht aus Versehen etwas nicht bezahlt habe oder (was noch gestörter ist) mir auch wirklich niemand etwas zugesteckt hat, um mich als Dieb dastehen zu lassen.

541 teilen diesen Spleen

Wenn ich Kollegen im Supermarkt sehe, ergreife ich die Flucht. Hinterlasse manchmal sogar fertig gepackte Einkaufswagen.

89 teilen diesen Spleen

Ich finde es furchtbar, im Hausflur irgendwelchen Nachbarn zu begegnen, ich bin nachbarnophob. Wenn ich meine Nachbarn im Treppenhaus höre, gehe ich erst raus, wenn sie weg sind.

308 teilen diesen Spleen

Manchmal will ich einfach alleine sein. Wenn ich abends im Bett liege und meine Mitbewohnerin die Treppe hochkommen höre, sprinte ich zum Lichtschalter, knipse ihn aus und tue so, als ob ich schlafe, nur um in diesem Moment keine Konversation führen zu müssen. Obwohl wir eigentlich gute Freunde sind. Oder ich denke mir Ausreden aus, wie zum Beispiel, dass ich am nächsten Tag früher arbeiten muss, um ab und zu abends in Ruhe Fernsehen zu schauen, anstatt mit den anderen um die Häuser zu ziehen.

16 teilen diesen Spleen

Wenn ich in der Straßenbahn sitze und jemand in meiner Umgebung niest, halte ich immer sofort die Luft an und zähle bis 20, bevor ich weiteratme, um mich nicht anzustecken. Wenn ich es nicht schaffe, so lange die Luft anzuhalten, stecke ich so unauffällig wie möglich meine Nase in den Jackenärmel und atme ganz vorsichtig ein.

117 teilen diesen Spleen

Ich muss immer mit Anlauf auf mein Bett springen. Damit das Monster oder der Mörder mich nicht an meinen Knöcheln packen kann. Meine Beine dürfen dann natürlich auch nicht mehr aus der Bettdecke herausschauen.

259 teilen diesen Spleen

Wenn ich an der Kasse mit EC-Karte zahle und unterschreiben muss, bin ich immer nervös, weil ich Angst habe, dass die Kassiererin mich darauf anspricht, dass die

Unterschrift nicht mit der auf der Karte übereinstimmt. Leider führt das zu einer krakeligen Unterschrift, und ich schaue dann immer ganz nervös auf meine Karte, was dazu führt, dass ich tatsächlich darauf angesprochen werde. Und das verstärkt das Ganze wieder.

{131} teilen diesen Spleen

Wenn ich mit dem Zug fahre und weiß, dass ich bald aussteigen muss, werde ich schon ein paar Stationen vorher total nervös, ob ich es auch rechtzeitig von meinem Platz zum Ausgang schaffe.

{111} teilen diesen Spleen

Ich kann in Seen und im Meer nicht ins Wasser gehen, wenn die Sonne hinter einer Wolke verschwindet und das Wasser an der Oberfläche nicht mehr blau aussieht. Dunkles Wasser ist total gruselig. Ich stelle mir dann immer vor, da kommt irgendwelches Viehzeug aus der Tiefe und schnappt nach mir oder ich bleib in Wasserpflanzen hängen und ertrinke.

{18} teilen diesen Spleen

Wenn ich eine Rolltreppe betrete, muss ich immer warten, bis ich auf einer ganzen Stufe stehen kann. Sonst packt mich die Panik, dass ich mich in der Rolltreppe verheddere und stürze.

{114} teilen diesen Spleen

Immer wenn ich Schmerzen habe, muss ich meine Symptome in allen möglichen Kombinationen googeln. So lange, bis ich davon überzeugt bin, die schlimmsten Krankheiten zu haben. Ich werde dann sehr, sehr unruhig, und manchmal weine ich fast. Aber ich kann's auch nicht einfach bleiben lassen.

24 teilen diesen Spleen

Jeden Abend, bevor ich ins Bett gehe, stelle ich den Wecker in meinem iPhone für den nächsten Tag. Da ich panische Angst vor dem Verschlafen habe, kontrolliere ich mehrmals (bis zu fünf Mal), ob ich ihn auch wirklich angemacht habe.

917 teilen diesen Spleen

Immer wenn ich tanze, muss ich alle Vorhänge zumachen, aus Angst, meine Nachbarn könnten mich beobachten.

117 teilen diesen Spleen

Abwärtsfahrende Rolltreppen machen mich ganz nervös. Als Kind war das noch schlimmer. Hab richtige Panik – vor allem, wenn sie steil und lange nach unten geht.

38 teilen diesen Spleen

Ich habe Schiss vor dem Telefonieren. Wenn mein Handy klingelt, schaue ich oft wie gebannt darauf, ich hab sofort einen Stein im Magen, und ich schaffe es nicht, abzunehmen. Wenn ich jemanden anrufen muss, der mir nicht sehr vertraut ist, lege ich mir vorher immer meinen Text zurecht und bin total aufgeregt, dabei weiß ich nicht mal, wieso.

88 teilen diesen Spleen

Wenn sich meine Frau nachts beschwert, ich solle nicht so zappeln, beginnt für mich die Hölle. Dann versuche ich, eine Position einzunehmen, nach der ich mich auf keinen Fall noch mal drehen muss. Meistens merke ich nach kurzer Zeit, dass ich völlig verdreht daliege. Kurz darauf fange ich wahnsinnig an zu schwitzen und fiepe durch ein oder beide Nasenlöcher. Bis sie aufwacht und sich noch mal beschwert.

13 teilen diesen Spleen

Im Winter traue ich mich nicht, draußen zu pupsen. Ich stelle mir immer vor, man sieht dann 'ne Dampfwolke.

112 teilen diesen Spleen

Wenn ich auf einen einfahrenden Zug (auch S- und U-Bahn) warte, vergewissere ich mich immer, dass niemand direkt hinter mir steht und mich vor den Zug stoßen könnte. Auf sehr vollen Bahnsteigen stelle ich mich daher immer in die zweite oder dritte Reihe.

356 teilen diesen Spleen

Wenn ich in einem Flugzeug in der Nähe von offensichtlich muslimischen Menschen sitze, habe ich automatisch Angst, dass diese das Flugzeug für einen Terrorangriff entführen. Ich kann dann kaum noch in Ruhe ein Nickerchen machen, weil ich immer bereit sein will, um bei diesem höchstwahrscheinlichen Zwischenfall eingreifen zu können, und male mir sogar aus, wie ich es am besten anstellen könnte. Ich finde das furchtbar rassistisch und fühle mich jedes Mal sehr schlecht!

{ 31 } teilen diesen Spleen

Immer bevor ich den Briefkasten öffne, um nach der Post zu sehen, dreht sich mir fast der Magen um, obwohl ich weiß, dass eigentlich nichts Schlimmes drin sein kann.

{ 13 } teilen diesen Spleen

Immer wenn ich eine Treppe hinaufgehe, habe ich Angst, zu stolpern und direkt mit dem Mund auf die Treppenkante zu fallen und mir die Zähne auszuhauen. Ich bin jung und fit, absolut nicht wackelig auf den Beinen, aber der Gedanke macht mich jedes Mal fertig.

{ 423 } teilen diesen Spleen

Wenn ich irgendwo eine Spinne entdecke, muss ich sie ständig anschauen, um zu kontrollieren, ob sie sich bewegt hat. Wenn sie anfängt, ihre Beine in meine Richtung zu drehen, bekomme ich Panik. Ich schaffe es aber auch nicht, sie wegzumachen, weil ich mich zu sehr davor ekle. Wenn sie dann plötzlich weg ist, bilde ich mir ein, dass sie auf meinem Körper sitzt und dort lauert.

83 teilen diesen Spleen

Wenn neben mir jemand telefoniert, finde ich es höchst unangenehm und verlasse nach Möglichkeit den Raum. Ich bekomme ein Gefühl wie Angst im Magen, wenn irgendwo ein Telefon klingelt (auch in einem Film).

77 teilen diesen Spleen

Wenn ich vor meinem Wecker aufwache, vermeide ich es, auf die Uhr zu schauen. Ich habe Angst, dass ich nur noch wenige Minuten liegen bleiben darf. Dann kann ich aber nicht mehr einschlafen, weil ich auf das Klingeln des Weckers warte.

74 teilen diesen Spleen

Wenn ich einen Laden verlasse, ohne etwas zu kaufen, und mich dann an der Kasse durchdrängeln muss, werde ich immer voll nervös und denke die ganze Zeit darüber nach, wie ich mich jetzt am besten verhalte, damit die anderen nicht denken, dass ich was geklaut hätte.

211 teilen diesen Spleen

Vor den elektronischen Schranken werde ich immer total nervös, obwohl ich noch nie etwas geklaut habe.

{274} teilen diesen Spleen

Meine Mutter hat mich früher manchmal mit dem Einkaufswagen an der Kasse stehen lassen, um schnell etwas zu holen, das sie vergessen hatte. Ich habe jedes Mal totale Panik bekommen, sie könnte nicht rechtzeitig wiederkommen und ich stehe ohne Geld da. Noch heute löst es bei mir ein unbehagliches Gefühl im Magen aus, wenn meine Einkaufsbegleitung schnell noch mal was holt und ich an der Kasse stehen bleibe. Obwohl ich längst mein eigenes Geld dabeihabe.

{83} teilen diesen Spleen

Wenn ich von einer seltenen Krankheit erfahre, muss ich sofort die Symptome und den Krankheitsverlauf googeln, um sicher zu sein, nicht an dieser Krankheit zu leiden.

{23} teilen diesen Spleen

Bei bestimmten Situationen habe ich immer das Gefühl, etwas vergessen oder falsch gemacht zu haben. Diktiere ich etwa jemandem meine Telefonnummer, habe ich Angst, dass ich sie falsch diktiert habe.

{76} teilen diesen Spleen

Ich kann circa 15 Minuten bevor Besuch kommt nicht mehr auf die Toilette gehen, aus Angst, dass der Besuch genau in dem Moment anläutet, wenn ich grad auf dem Klo sitze und die Tür nicht sofort öffnen kann.

50 teilen diesen Spleen

Wenn ich einen unbequemen Brief oder eine Mail erhalten habe, von der ich weiß, dass sie schlechte Nachrichten enthält, kann ich sie nicht einfach öffnen und lesen. Erst öffne ich den Brief oder die Mail, dann warte ich eine halbe Stunde und lese danach schnell den ersten Satz. Dann warte ich wieder und lese den zweiten Satz. So lange, bis ich mich traue, den Rest auf einmal zu lesen.

18 teilen diesen Spleen

Wenn ich weiß, dass ich mit Karte bezahlen werde oder an den Bankautomaten gehe, wiederhole ich meine Geheimzahl vorher mehrfach im Kopf, aus Angst, sie im richtigen Moment vergessen zu haben.

113 teilen diesen Spleen

Immer wenn ich in einem fremden Badezimmer oder einer öffentlichen Toilette bin, habe ich Angst, dass irgendwo Kameras installiert sein könnten, und schaue mich genau um. Besonders Angst machen mir Spiegel.

76 teilen diesen Spleen

Immer wenn ich mit dem Aufzug nach unten will, kontrolliere ich erst, ob der Aufzug bereits in Bewegung ist oder ob unten im Treppenhaus schon andere Personen warten. Erst wenn alle weg sind, rufe ich den Aufzug, aus Angst, in eine Small-Talk-Zwangssituation zu geraten.

34 teilen diesen Spleen

Manchmal, wenn ich vom Badezimmer in mein Schlafzimmer gehe, bekomme ich Panikattacken und sprinte mit voller Angst zu meinem Bett und springe mit hohem Bogen drauf. Dann schütze ich mich mit meiner Bettdecke und beruhige mich.

61 teilen diesen Spleen

Immer wenn ich den »Geschäftsbedingungen akzeptieren«-Button drücke, beschleicht mich kurz ein komisches Gefühl und der Gedanke, dass ich damit in eine Abzocker-Falle trete. Aber sie durchzulesen dauert einfach so lange!

218 teilen diesen Spleen

Ein Freund von mir kriegt immer Panik, wenn auf Pornoseiten plötzlich Frauen vor der Webcam angeblich live auf ihn warten. Er schlägt dann schnell den Laptop zu, weil er befürchtet, er sei auch schon live irgendwo mit seinem Dödel.

2 teilen diesen Spleen

In dem Moment unter der Dusche, wenn ich die Augen schließen muss, um sie vor dem Shampoo zu schützen, werde ich immer paranoid, dass mich jemand unter der Dusche umbringen will.

{ 54 } teilen diesen Spleen

Ich kann nicht in Gewässern schwimmen, bei denen ich nicht sehen kann, was unter mir ist. Auch wenn es nur ein paar Zentimeter bis zum Grund sind, habe ich das Gefühl, es sei schrecklich tief und es könnte ein Monster unter mir sein, das mich in die Tiefe ziehen wird.

{ 108 } teilen diesen Spleen

Wenn ich spätabends oder nachts allein Bus fahre, warte ich während der letzten Strecke zu meiner Zielhaltestelle immer darauf, dass jemand anders Stopp drückt, so dass ein potentiell gefährlicher Mensch im Bus nicht zu früh erfährt, dass ich an der nächsten Haltestelle aussteige. Wenn dieser Plan nicht aufgeht und ich selbst Stopp drücken muss, fühle ich mich beim Aussteigen verfolgt.

{ 34 } teilen diesen Spleen

Wenn ich nachts alleine im Dunkeln nach Hause laufe, muss ich immer jemanden anrufen, damit der mich virtuell begleiten kann und – falls etwas passieren sollte – Hilfe organisieren kann.

{ 20 } teilen diesen Spleen

Immer wenn es draußen schon dunkel ist und drinnen Licht an, muss ich den Rollladen zumachen, weil ich mich sonst beobachtet fühle.

70 teilen diesen Spleen

Wenn es klingelt, obwohl ich niemanden erwarte, kann ich einfach nicht die Tür öffnen. Ich mache dann schnell das Licht überall aus, bin ganz leise und hoffe, nicht entdeckt zu werden, denn das wäre wirklich peinlich.

70 teilen diesen Spleen

Immer wenn ich mich in eine Richtung drehe, kann ich mich nicht weiter drehen, um wieder so zu stehen wie vorher, sondern muss mich in die entgegengesetzte Richtung zurückdrehen, weil ich Angst habe, sonst »falsch herum« zu sein. Ich bekomme dann Panik, mich irgendwann in mich zu verdrehen.

42 teilen diesen Spleen

Ich traue mich nicht, mein Bein nachts aus dem Bett hängen zu lassen, weil ich befürchte, dass unter dem Bett irgendwas Unheimliches lauert und nach meinem Bein greift.

439 teilen diesen Spleen

Immer wenn ich nachts in die Küche gehe, um mir was zu trinken zu holen, denke ich, dass sich ein Mörder unter dem Tisch versteckt. Deshalb tue ich so, als wäre ich behindert, weil ich hoffe, dass der Mörder Mitleid hat und mich nicht tötet.

25 teilen diesen Spleen

Wenn ich Bus fahre und kurz vor meiner Haltestelle bin, drücke ich mehrfach wie wild auf dem Türöffner rum, weil ich Angst habe, dass die Türen nicht aufgehen und ich weiterfahren muss.

66 teilen diesen Spleen

Ich kann nachts und in dunklen Räumen nicht in Spiegel hineinschauen, weil ich panische Angst davor habe, dass ich darin dann sämtliche Gestalten aus Horrorfilmen sehe. Deswegen muss der Spiegel in meinem Zimmer auch so hängen, dass ich von meinem Bett aus nicht hineinsehen kann.

55 teilen diesen Spleen

Meine Uhren gehen alle 15 Minuten vor, weil ich Angst habe, zu spät zu kommen. Trotzdem bin ich nie 15 Minuten früher dran, weil ich ja weiß, dass meine Uhren vorgehen.

40 teilen diesen Spleen

Wenn ich auf einem Stuhl sitze und jemand stellt sich dahinter und fasst die Stuhllehne an oder hält sie sogar fest, dann kann ich nicht mehr ruhig sitzen bleiben oder muss sogar aufstehen. Fluchtreflex?

44 teilen diesen Spleen

Ich hasse es, im Auto als Erster an einer roten Ampel zu stehen. Ich habe dann immer Angst, Grün zu verpassen und den Zorn der anderen auf mich zu ziehen. Ich kontrolliere auch, wie viele Autos hinter mir stehen.

96 teilen diesen Spleen

Ich habe, wenn ich im Dunkeln eine Treppe hochlaufe, immer das Gefühl, verfolgt zu werden, und hechte daher wie bescheuert nach oben.

172 teilen diesen Spleen

Wenn ich im Wald pinkeln muss, laufe ich lieber 30 Meter in den Wald hinein, als von irgendjemandem gesehen zu werden. Mir ist das unangenehm.

186 teilen diesen Spleen

Immer wenn ich Polizisten sehe, bekomme ich Angst, dass sie mich gleich festnehmen, obwohl ich überhaupt nichts angestellt habe. Und wenn ich zum Beispiel höre, wie jemand erzählt, dass ihm was geklaut oder kaputtgemacht

wurde, habe ich Angst, dass ich es war und es nur vergessen habe. Dann überlege ich mir schon mal Ausreden, falls
man mich »erwischt« – obwohl ich es definitiv nicht war.

{366} teilen diesen Spleen

Ich stelle mir immer Aufgaben, die ich schaffen muss,
weil sonst was Schlimmes passiert. Zum Beispiel muss ich
an der Kreuzung sein, bevor mich das Auto überholt,
sonst krieg ich keine Kinder. Oder ich darf maximal noch
100 Schritte brauchen, sonst verliere ich meinen Job.
Oder ich muss unbedingt in dieser Minute noch das Tele-
fongespräch beenden, sonst stirbt die Person, mit der ich
telefoniere.

{240} teilen diesen Spleen

Ich ertrage es nicht, vor einem Computer mit Webcam zu
sitzen – ich fühle mich beobachtet, wenn diese nicht ab-
geklebt oder abgedeckt ist.

{140} teilen diesen Spleen

Ich habe Angst, an Orten zu sein, wo es keine Toilette gibt.
Auch in Bussen oder im Auto bekomme ich immer Panik,
weil ich Angst habe, ich würde mir in die Hose machen.
Ich mache mir schon Sorgen, wenn ich nur 20 Minuten in
einem Bus sitze. Wenn ich zu Hause bin, muss ich teilweise den ganzen Tag nicht einmal auf Toilette. Unterwegs
habe ich trotzdem Angst. Blöd ist nur, dass ich immer

Bauchschmerzen bekomme, wenn ich Angst habe, und dann oft tatsächlich auf Toilette muss. Fieser Teufelskreis.

{ 26 } teilen diesen Spleen

Ich kriege jedes Mal einen Herzinfarkt, wenn ein Kontrolleur »Die Fahrscheine bitte« durch die Bahn ruft. Ich fahre nie ohne Ticket, aber das ändert nichts an der plötzlichen Panik.

{ 279 } teilen diesen Spleen

Immer wenn das Telefon klingelt und ich keinen Anruf erwarte, habe ich Angst, dass etwas Schlimmes passiert ist.

{ 69 } teilen diesen Spleen

Wenn ich als Tourist auf einem Hochhaus, einem Turm oder einer Aussichtsplattform stehe und mit dem Handy ein Foto vom Ausblick machen will, muss ich dazu einen großzügigen Abstand vom Geländer nehmen, weil ich sonst Angst habe, dass mir das Handy entgleitet und herunterstürzt. Habe ich die Kamera dabei, muss immer schön die Hand durch die Schlaufe.

Wenn andere Leute ihr Handy oder ihre Kamera ungesichert übers Geländer halten, werde ich total unruhig und muss wegschauen. Ein Teil von mir wünscht sich aber auch, dass diese Trottel ihr Zeug herunterfallen lassen.

{ 101 } teilen diesen Spleen

Immer wenn ich auf hohen Brücken oder Gebäuden stehe, mache ich mir Sorgen, dass ich in einem kurzen Akt plötzlichen Wahnsinns hinunterspringen könnte!

{134} teilen diesen Spleen

Bei mir muss im Schlafzimmer, wenn ich schlafe, IMMER das Fenster gekippt sein. Auch bei −20°C!

{20} teilen diesen Spleen

Wenn ich auf der Toilette sitze und bei der Badewanne ist der Duschvorhang zu, dann habe ich immer Angst, dass sich jemand dahinter versteckt. Deshalb schaue ich immer zuerst nach, bevor ich auf die Toilette gehe.

{29} teilen diesen Spleen

Beim Schwimmen im Meer habe ich immer Angst, dass mir im nächsten Moment ein großer Hai ins Bein beißt – auch in der Nordsee. In Badeseen habe ich aus dem gleichen Grund Angst vor ausgesetzten Schnappschildkröten oder Piranhas.

{17} teilen diesen Spleen

Immer wenn ich irgendwo leichte Schmerzen habe, denke ich an die tödlichsten Krankheiten, die man an den betreffenden Stellen bekommen könnte, und mache mir damit selbst Angst.

{ 44 } teilen diesen Spleen

Wenn ich als Beifahrer an der Tankstelle im Auto warte, muss ich gleich nachdem der Fahrer ausgestiegen ist, die Türen abschließen. Ich habe sonst Angst, jemand könnte mich und das Auto »entführen«.

{ 17 } teilen diesen Spleen

Ich habe eine sonderbare Angst, Leute mit dem Festnetztelefon anzurufen, wenn die Möglichkeit besteht, es könnte eine andere Person rangehen. Ich habe dann immer die Befürchtung, ich erkenne die Stimme nicht und verwechsele sie. Auf dem Handy anrufen ist kein Problem, da bin ich mir sicher, dass nur der Eigentümer des Handys rangeht.

{ 5 } teilen diesen Spleen

An Geldautomaten muss ich immer meine Kopfhörer abnehmen, um zu hören, ob sich von hinten jemand anschleicht.

{ 7 } teilen diesen Spleen

Wenn ich ein Flugzeug höre, habe ich immer irgendwie Angst, dass es gleich eine Bombe abwerfen wird und alles in die Luft fliegt.

9 teilen diesen Spleen

Aus unerklärlichen Gründen habe ich Angst davor, ein komplett dunkles Zimmer zu betreten, ohne mich vorher vergewissert zu haben, dass sich niemand dort befindet. Deswegen öffne ich immer die Tür und rufe, bevor ich den Raum betrete, einmal kurz »buh« oder »hallo«. Erst dann bin ich sicher, dass sich niemand in dem Zimmer befindet, keine Ahnung, wieso.

187 teilen diesen Spleen

Das Schlimmste ist für mich, wenn ich nachts oder spätabends ein Zimmer verlasse und das Licht ausknipse. Ich hab dann immer so einen Horror, dass ich gleich eine schreckliche Fratze sehe oder jemand mich von hinten berührt. Wenn ich das Licht ausgeknipst habe, quetsche ich mich so schnell ich kann durch die Tür und mache sie so schnell hinter mir zu, dass ich mir die Tür auch schon mal selbst in die Hacken haue.
Das ALLERSCHLIMMSTE ist allerdings, wenn ich was vergessen habe und noch mal in das dunkle Zimmer hineinmuss!

19 teilen diesen Spleen

Wenn ich allein mit öffentlichen Verkehrsmitteln unterwegs bin, muss ich mich immer auf eine komplett leere Sitzgruppe setzen. Ich kann mich einfach nicht neben fremde Personen setzen. Wenn sich dann aber jemand neben mich setzt, habe ich damit kein Problem.

61 teilen diesen Spleen

Wenn es irgendwo stinkt, kann ich nicht durch den Mund atmen, um dem Gestank zu entgehen, weil ich mir einbilde, es würde mich innerlich verseuchen.

89 teilen diesen Spleen

Ich kann mich nicht von einem geliebten Menschen verabschieden, wenn wir uns noch streiten. Wenn wir uns nicht mehr vertragen haben, stelle ich mir vor, dass dieser Mensch sterben muss und ich mich zuvor mit ihm gestritten habe. Dieser Gedanke ist so schrecklich, dass ich manchmal deswegen weinen muss. In jedem Fall melde ich mich sofort bei der Person und mache alles wieder gut, selbst wenn ich glaube, im Recht zu sein.

5 teilen diesen Spleen

Ich kann nicht normal sitzen, wenn jemand hinter mir sitzt. Nur wenn hinter mir eine Wand ist, bin ich beruhigt. Sonst muss ich mich ständig umdrehen und schauen, was derjenige macht.

68 teilen diesen Spleen

Beim Überqueren von Bahnübergängen mit dem Auto habe ich generell ein ungutes Gefühl. Mir erscheint dabei das Bild aus irgendwelchen Filmen, in denen ein Zug ein Auto beim Überqueren zermalmt – und ich sehe mich darin sitzen.

83 teilen diesen Spleen

Wenn ich nachts mit dem Auto durch den Wald fahre, habe ich Angst vor etwas »Bösem«, das da lauert. Obwohl ich weiß, dass es solche Wesen nicht gibt, denke ich, Hexen, Trolle und andere Gruselgestalten könnten auf einmal erscheinen und mir etwas antun.

13 teilen diesen Spleen

Wenn jemand in der Bahn oder im Bus mehr als einmal hintereinander stark hustet, denke ich immer, dass diese Person einen Supervirus in sich trägt und ich damit infiziert werde. Ich versuche dann, möglichst wenig zu atmen, oder wenn ich nur noch eine Station fahren muss, halte ich sogar die Luft an.

254 teilen diesen Spleen

Nach einem Psycho- oder Horrorfilm muss ich mich beim Betreten jedes Raumes versichern, dass sich in den Ecken und ganz besonders hinter der Tür kein potentieller Mörder versteckt. Dabei muss ich mich oft umdrehen, weil ich das Gefühl habe, dass jemand hinter mir steht.

24 teilen diesen Spleen

Ich fürchte mich vor dem Strudel, der entsteht, wenn ich den Badewannenstöpsel ziehe. Bei gezogenem Stöpsel in der Wanne zu sitzen ist mein Alptraum!

18 teilen diesen Spleen

Ich lese diese Beiträge schon seit einer Stunde und habe Angst, dass ich ein paar der Marotten übernehmen werde, die ich gerade gelesen habe.

421 teilen diesen Spleen

Toilette

Untenrum finden Spleens den perfekten Nährboden für ein besonders gedeihliches Wachstum. Mit Schambereich hat die deutsche Sprache einmal mehr präzise abgesteckt, was hier der wesentliche Faktor ist. Interessanterweise weckt die früh erlernte Scham bei nicht wenigen Auserwählten eine ausgeprägte Form der Rebellion. Echte Freiheit kann nur durch das Urinieren in fremde Waschbecken gelebt werden. Um nur eines von vielen Ritualen zu nennen. Überhaupt scheint der Hang zum Ritus viel tiefer in uns verwurzelt zu sein, als es die aufgeklärte Welt zugeben mag. In der Regel abschließbar, ist der Rückzugsraum Badezimmer der beliebteste Ort für die private Messe. Lesen Sie dieses Kapitel bitte nicht während des Mittagessens!

Wenn ich abends eigentlich dringend Pipi muss, aber weiß, dass ich gleich duschen gehe, verkneife ich es mir so lange, bis ich wirklich unter der Dusche stehe. Um Wasser zu sparen.

19 teilen diesen Spleen

Wenn ich früher im Stehen gepinkelt habe, zum Beispiel an einem Urinal, habe ich dort auch gerne mal hineingespuckt. Anfangs ganz normal, aber mittlerweile ist es so weit, dass mir die Spucke im Mund zusammenläuft, wenn ich aufs Klo muss.

100 teilen diesen Spleen

Wenn wir bei Bekannten oder Freunden zu Hause sind, muss ich nach kurzer Zeit das Klo sichten. Ich freue mich meistens schon drauf und zähle die Minuten, bis ich frage, wo denn das Klo ist. Ich pinkel dann oft in das Waschbecken, lasse die Klospülung laufen und mache das Wasser an, damit es niemandem auffällt.

155 teilen diesen Spleen

Ich schließe immer die Badezimmertür ab, wenn ich aufs Klo gehe. Obwohl niemand außer mir in der Wohnung ist.

{209} teilen diesen Spleen

Ich verrichte mein großes Geschäft immer nackt. Das habe ich mir in meiner Kindheit so angewöhnt, da ich meine Kleidung einmal versehentlich beschmutzt habe. Inzwischen bin ich 31 und tue es immer noch. Ich kann mein großes Geschäft auch NUR zu Hause oder in Hotelzimmern verrichten, da ich mich in öffentlichen und halböffentlichen (Büro-)Toiletten total unwohl fühle.

{6} teilen diesen Spleen

Auf öffentlichen Toiletten muss ich immer die letzte Kabine im Gang aufsuchen, weil diese am seltensten benutzt wird und somit am wenigsten schmutzig ist.

{13} teilen diesen Spleen

Mein Spleen ist, dass ich mich jedes Mal, wenn ich eine Toilette verlasse, davor ekel, die Türklinke anzufassen. Mir schwirrt dann immer im Kopf rum, dass die Person vorher sich vielleicht nicht die Hände gewaschen hat. Ich hoffe dann immer, dass die Tür nicht richtig verschlossen ist, damit ich sie am Rahmen aufziehen kann. Wenn das nicht geht, warte ich, bis jemand reinkommt, oder nehme, falls vorhanden, Papiertücher, um die Türklinke zu berühren.

{407} teilen diesen Spleen

Ich verrichte niemals mein großes Geschäft bei Freunden, in einer Bar oder in öffentlichen Toiletten – nur zu Hause. Ich habe im Laufe der Zeit einen eigenen Sinn dafür entwickelt und komme quasi nie in die Situation, ganz dringend »groß« zu müssen, wenn ich nicht zu Hause bin. Stehe ich dann aber vor meiner Haustür, heißt es sich sputen, denn dann will der Kumpel mit Schmackes raus.

100 teilen diesen Spleen

Ich muss vor dem großen Geschäft immer eine Handvoll Klopapier in die Schüssel werfen, weil ich es nicht ausstehen kann, wenn das Wasser hochspritzt!

549 teilen diesen Spleen

Ich muss mindestens fünf Mal auf die Toilette gehen, bevor ich aus dem Haus gehe, damit ich nicht in der Öffentlichkeit gehen muss.

56 teilen diesen Spleen

Ich schmeiße immer ein paar Blätter oder Lagen Toilettenpapier in die Toilette, damit bei »großem Geschäft« nicht das Toilettenwasser ans Gesäß spritzt. Praktischerweise wird dadurch auch dieses laute »Plumpsgeräusch« elegant vermieden. Klingt ziemlich bekloppt, funktioniert aber super.

207 teilen diesen Spleen

Wenn ich ganz dringend auf die Toilette muss, zögere ich den Klogang immer weiter hinaus und erledige noch irgendwelche sinnlosen Aufgaben, bis ich es fast nicht mehr aushalte und alles nur noch rauswill. Das Gefühl der Erleichterung, wenn ich dann endlich loslassen kann, ist einfach unbeschreiblich!

59 teilen diesen Spleen

Ich entferne meine Spuren in der Schüssel immer per Hand mit dem Toilettenpapier. Das ist zum Kotzen ekelhaft, aber bevor ich die Klobürste anfasse, die jemand anders direkt nach dem Geschäft berührt hat, sterbe ich lieber.

10 teilen diesen Spleen

Ich verlasse die Toilette im Büro grundsätzlich nur, wenn auch der Vorraum frei ist. Falls den jemand betritt, während ich mein Geschäft erledige, warte ich so lange, bis derjenige wieder weg ist. Ganz schlimm ist es, wenn jemand das Klo neben mir betritt. Ich überlege dann, ob derjenige den gleichen Tick hat wie ich und wir dann stundenlang nebeneinander auf dem Klo sitzen oder ich ihn beim Rausgehen noch treffe.

206 teilen diesen Spleen

Ich schaue nach erfolgreichem Geschäft kurz in die Schüssel, um zu kontrollieren, ob alles meiner eigenen Norm entspricht. Zudem schaue ich nach dem Abwischen meines Allerwertesten kurz auf das Toilettenpapier, um Farbe, Konsistenz und Eigenheit zu erkennen.

{ 87 } teilen diesen Spleen

Wenn ich im Büro oder so auf Toilette gehe und es stinkt da noch von irgendjemanden, geh ich ganz schnell wieder raus, damit niemand denkt, ich war es.

{ 80 } teilen diesen Spleen

Bei einer neuen Rolle Toilettenpapier muss ich immer das erste, festgeklebte Blatt ablösen, bevor ich sie auf den Halter stecke.

{ 83 } teilen diesen Spleen

Bevor ich das Haus verlasse, gehe ich IMMER noch mal aufs WC, auch wenn ich kurz vorher erst war. Aber wenn ich unterwegs bin und dann verdammt eilig auf Toilette muss, dann drängel ich, damit ich schnell nach Hause komme. Wenn ich dann aber zu Hause bin, kann es durchaus noch bis zu einer Stunde dauern, eh ich dann wirklich pinkeln gehe. Da ist es dann plötzlich gar nicht mehr so dringend.

{ 286 } teilen diesen Spleen

Ich pinkle immer beim Duschen. Es spielt auch keine Rolle, ob ich muss oder nicht, ich lass es einfach raus. Ich rede mir auch ein, dass ich so schon viel Wasser gespart habe. Rettet die Wale!

478 teilen diesen Spleen

Ich kann auf einer öffentlichen Toilette kein Wasser lassen, wenn die Toiletten neben mir besetzt sind. Ich kann erst dann, wenn ich mich alleine fühle.

65 teilen diesen Spleen

Immer wenn ich länger nicht zu Hause war, muss ich als Erstes, nachdem ich heimkomme, kacken. Auch wenn ich das Bedürfnis davor nicht verspürt habe.

458 teilen diesen Spleen

Wenn ich aufs Klo gehe, dann nehme ich immer etwas zu lesen mit (Zeitung, Zeitschrift oder Buch), weil ich mich sonst nicht entspannen kann. Dort angekommen, lese ich eigentlich nie wirklich, sondern mache sofort mein Geschäft und fertig. Hätte ich aber nichts zu lesen dabei, würde ich sicher ewig sitzen und nichts würde passieren.

30 teilen diesen Spleen

Ich muss immer oben ohne auf der Toilette sitzen. Sonst denke ich nach der Sitzung, meine Kleidung stänke nach Kacke.

{ 4 } teilen diesen Spleen

Ich sitze immer nur mit dem linken Oberschenkel auf der Toilette. Sonst klappt's nicht.
So mussten wir schon einige Male die Klobrille erneuern, weil die sich mit der Zeit verzieht und dann kaputtgeht.

{187} teilen diesen Spleen

Wenn auf einer öffentlichen Toilette alle Kabinen belegt sind und ich warten muss, schaue ich immer angestrengt auf den Fußboden. Ich könnte es nicht ertragen, demjenigen ins Gesicht zu sehen, der kurz vor mir auf dem gleichen Klo gewesen ist.

{ 54 } teilen diesen Spleen

Bevor ich »groß« auf die Toilette gehen kann, müssen alle Gegenstände im Bad ordentlich aufgeräumt sein. Außerdem brauch ich viel Ruhe und die Gewissheit, dass ich mich nicht beeilen muss!

{ 88 } teilen diesen Spleen

Auf öffentlichen Toiletten muss ich immer die ersten Blätter vom Klopapier abreißen und schon mal in der Toilette entsorgen, weil ich davon ausgehe, dass ja die Person vor mir das letzte Stück beim Abreißen davor angefasst hat.

{355} teilen diesen Spleen

Beim Toilettengang falte ich das Klopapier, bevor ich es benutze. Immer zwei Blatt zweimal falten. Bei größeren Geschäften falte ich beidhändig auf meinen Oberschenkeln, also je eine »Einheit« pro Hand. Ich komme mir dabei immer vor wie ein Fließbandarbeiter. Erst vor kurzem habe ich festgestellt, dass viele Leute gar nicht falten, sondern einfach was abreißen und zusammenknüllen. Das könnte ich nie tun!

{9} teilen diesen Spleen

Ich gehe sehr häufig aufs WC. Aber ich kann es nicht aushalten, nichts tuend rumzuhocken. Aus diesem Grund muss ich auf dem Klo immer was machen: Musik hören, Bücher lesen oder Spleens aufschreiben. Jede Minute auf dem Klo, in der ich nichts mache, habe ich das Gefühl, Lebenszeit zu vergeuden. Mittlerweile gehe ich sogar gern aufs Klo, um meine Ruhe zu haben.

{77} teilen diesen Spleen

Wenn ich in einer öffentlichen Toilette kacken muss und andere Leute auch da sind, muss ich warten, bis irgendjemand ein Geräusch von sich gibt: Türe, Spülung, Wasserhahn, Handtrockner. Genau dann kann ich abdrücken. Sonst hören mich ja alle. Wenn es sein muss, huste ich halt.

545 teilen diesen Spleen

Immer wenn in einer öffentlichen Toilette alle Kabinen besetzt sind und ich mich an ein Pissoir stellen muss, kann ich nur, wenn ich alleine dabei bin. Kommt ein anderer Typ und stellt sich neben mich, tue ich immer so, als ob ich gerade fertig gepisst habe, und ziehe unverrichteter Dinge ab, obwohl ich ja eigentlich immer noch muss.

81 teilen diesen Spleen

Ich hänge die Toilettenpapierrolle immer so auf, dass das Papier nach vorne abrollt, also von der Wand weg. Sonst denke ich immer, dass es sich an der Wand Keime einfängt. Wenn ich woanders auf Toilette bin, auch im Restaurant, und das Papier hängt verkehrt herum, dann nehme ich die Rolle aus dem Halter und drehe sie um.

96 teilen diesen Spleen

Zu Hause muss ich immer vier Abschnitte vom Klopapier nehmen. In öffentlichen Toiletten, in denen die Leute zu geizig sind, um das Geld für mehrlagiges Klopapier auszugeben, rolle ich von einer einzelnen Rolle so viel ab, dass in meiner ganzen Hand ein 7-cm-dicker Haufen an

Klopapier ist. Ich hoffe, die Geizhälse verstehen bald, dass gutes Klopapier für eine Menge von Menschen sehr viel wert ist. Dieser Vorgang soll sie dazu anregen.

16 teilen diesen Spleen

Ich setze mich nie auf die Toilette, sondern mache alles in einer Schwebeposition. Vorteil: Man bekommt viel Oberschenkelmuskulatur.

32 teilen diesen Spleen

Wenn ich auf eine öffentliche Toilette gehe, muss ich immer erst überprüfen, ob oben oder unten in der Kabine genug Platz wäre, damit ich da durchpasse. Nur für den Fall, dass die Tür nicht mehr zu öffnen ist und ich eingeschlossen bin.

33 teilen diesen Spleen

Immer wenn ich schon auf der Toilette sitze (auch wenn ich noch so dringend muss!), muss ich mich vergewissern, ob ich mir auch wirklich die Unterhosen heruntergezogen habe und auch wirklich auf einer richtigen Toilette sitze, bevor ich mich entspannen und mein »Geschäft« machen kann.

14 teilen diesen Spleen

Wenn ich Schuhe oder Jacke anhabe, wenn ich aufs Klo gehe, um dort ein großes Geschäft zu erledigen, muss ich diese ausziehen, anders kann ich nicht.

{ 66 } teilen diesen Spleen

Wenn mir die Füße auf der Toilette einschlafen, haue ich sie hinterher immer an die Badewanne und freue mich, dass ich nichts merke. Dumm, ich weiß.

{ 22 } teilen diesen Spleen

Wenn ich eine Kabinentoilette benutze, muss ich die ganze Zeit nach oben gucken, ob jemand von einer anderen Kabine obendrüber schaut.

{ 12 } teilen diesen Spleen

Beim Kacken habe ich immer Angst, dass mir bei zu festem Drücken eine Ader im Hirn platzt und ich auf der Schüssel sterbe.

{ 78 } teilen diesen Spleen

Immer wenn ich auf einer Toilette bin und ich weiß, dass Menschen in der Nähe sind, die mich hören könnten, MUSS ich mir die Ohren zuhalten. Sonst kann ich einfach nicht.

{ 13 } teilen diesen Spleen

Ich kann nur kacken, wenn das Radio läuft, weil ich mich dann nicht so alleine fühle.

{108} teilen diesen Spleen

Wenn ich auf öffentliche Toiletten gehe, habe ich oft eine schon fast paranoide Angst, dass ich vergessen haben könnte, die Toilette abzuschließen. Ich muss mehrmals kontrollieren, ob die Tür auch wirklich verschlossen ist, oder halte provisorisch eine Hand in Richtung Tür, um sie direkt wieder zuschlagen zu können, falls ich es doch vergessen haben sollte.

{83} teilen diesen Spleen

Sensorik

Riechen, schmecken, sehen, fühlen und hören sind die Basis-Fähigkeiten. Gleichzeitig verbergen sich darin die wundersamsten Spleens, die sich vom gesamten Katalog der seltsamen Eigenarten am wenigsten erklären lassen. Wer sich dem Geruch des eigenen Furzes hingibt, der fragt ohnehin nicht nach dem Warum. Es ist ein Gefühl. Selig mit dem Autoschlüssel im Ohr zu bohren auch. Und Gefühle wollen nicht erklärt, sondern gefühlt werden. Die Bekenntnisse in der Kategorie Sensorik werden nicht als Problem oder Einschränkung wahrgenommen, vielmehr geht den meisten ein zufriedenes »Ich liebe es ...« voran. Wir lernen: Der Mensch fühlt gern. Und das ist auch gut so.

Ich lasse Folien auf Handys immer so lange wie möglich drauf. Wenn ich sie dann eines Tages abziehe, weil sie sich sonst von allein lösen, ist das Gefühl knapp unter Sex.

{312} teilen diesen Spleen

Ich kratze mir ständig mit den Fingernägeln am Kopf herum. So zwischen den Haaren. Manchmal, wenn ich dabei einen Pickel oder eine Stelle mit Schorf entdecke, freue ich mich und pule es weg. Dann noch kurz das Weggekratzte unterm Nagel entfernen und ich fühle mich richtig gesäubert.

{158} teilen diesen Spleen

Ich bekomme ein herrliches Wonnegefühl, wenn ich mir die Ohren mit Wattestäbchen putze. Nenne es »Ohrenorgasmus«.

{80} teilen diesen Spleen

Bei Wunden knibbel ich gerne den Schorf ab und esse den dann. Manchmal freue ich mich schon stundenlang auf »Happen« von größeren Wunden.

{10} teilen diesen Spleen

Ich trenne mich nur sehr ungern von abgeschnittenen Zehennägeln (besonders vom großen Zeh) und Hornhaut. Damit zu spielen beruhigt mich ungemein. Manchmal lasse ich die Teile über Nacht auf dem Nachttisch liegen und staune am nächsten Morgen, wie hart diese geworden sind.

12 teilen diesen Spleen

Während ich über etwas nachdenke oder an etwas arbeite, stecke ich meine Hand in die Hose und knete meinen Penis und meine Eier. Das steigert meine Denkleistung, glaube ich. Und zwischendurch Hand rausholen und dran riechen. Dabei riecht das ja, wenn man ehrlich ist, echt nicht sonderlich toll.

10 teilen diesen Spleen

Ich kaue zwanghaft auf den Innenseiten meiner Wangen herum. Sobald ein neuer Hautfetzen nachgewachsen ist, muss dieser beseitigt werden. Je größer der Fetzen und je einfacher er sich von der restlichen Schleimhaut lösen lässt, desto besser fühl ich mich. Um an alle Fetzen heranzukommen, muss ich meistens mit meiner Hand nachhelfen, um die Wange zu den vorderen Zähnen zu schieben. Dadurch verzieht sich mein ganzes Gesicht, und das ist der Grund für häufige, verwirrte Blicke von Außenstehenden.

89 teilen diesen Spleen

Wenn ich zu Hause bin und mir kalt ist, dann nehme ich mir nicht eine Decke, sondern ich nehme einen Föhn und föhne mir Gesicht, Hals, Hände und Füße. Einfach herrlich.

{ 15 } teilen diesen Spleen

Ich liebe meine eigenen Fürze. Wenn ich Müsli gegessen hab, sind sie am fiesesten. Herrlich, wenn ich abends unter der Bettdecke liege und einen fahren lasse und dann den Kopf unter die Decke stecken und den Furz wegschnüffeln kann.

{ 592 } teilen diesen Spleen

Ich liebe das Geräusch, wenn der Friseur seine Schere am Kopf anlegt, möglichst nahe am Ohr, und damit dann – möglichst langsam – die Haare schneidet. Dieses metallische Rrrriitschsch der Schere, noch dazu mit dem Gefühl der Schwingungen auf der Kopfhaut, verursacht bei mir wohlige Gänsehaut.

{ 55 } teilen diesen Spleen

Nach dem Sport stecke ich meine Nase in meine Sportschuhe und genieße den Duft von frischem Käsefuß.

{ 8 } teilen diesen Spleen

Ich liebe den Geruch, wenn Rasen gemäht wird.

173 teilen diesen Spleen

Ich mag den Geruch von Superbenzin und muss an der Tankstelle aufpassen, dass ich nicht zu tief einatme, weil es ja giftiges Benzol enthält.

117 teilen diesen Spleen

Wenn ich abends meine Socken ausziehe, muss ich die Fussel zwischen meinen Zehen rauspulen. Und daran riechen! Ich bin total verrückt nach diesem Geruch. Je mehr Fussel ich finde, umso zufriedener bin ich.

17 teilen diesen Spleen

Ich untersuche meinen Dreitagebart gern nach dicken Barthaaren, die sind oft im Bereich des Kinns zu finden, und mit den Fingern kann man sie gut ertasten. Habe ich so ein Haar entdeckt, ist es mir eine überaus große Freude, das Ding mit der Pinzette langsam rauszuziehen. Außerdem schaue ich es mir jedes Mal genau an, als ob es eine Missbildung wäre, bin erstaunt, dass es an der Wurzel richtig klebrig ist und kaum von der Pinzette abgeht, und streiche dann über die Stelle, an der das dicke Haar jetzt fehlt.

22 teilen diesen Spleen

Ich liebe den eitrigen Geruch an meinen Piercings und

Ohrringen. Auch wenn ich sie oft desinfiziere, haben sie den Geruch immer wieder. Ich pule ständig daran rum und rieche dann an meinen Fingern.

{ 52 } teilen diesen Spleen

Wenn ich das Fenster kippe, muss ich immer kurz an der frischen Luft riechen. Egal ob ich allein daheim bin, im Büro oder in der U-Bahn. Wobei man da das »frisch« streichen sollte.

{ 41 } teilen diesen Spleen

Seit ich ein Kleinkind war, kitzele ich mich selbst im Gesicht. Früher mit meinem Schnuffeltuch, dann mit Taschentuchecken oder einem Haar. Dieser Moment, in dem das Kitzeln am intensivsten ist, verpasst mir einen einzigartigen Adrenalinrausch. Seit 40 Jahren versuche ich mir das abzugewöhnen, ohne Erfolg.

{ 14 } teilen diesen Spleen

Ich liebe es, an Büchern zu schnüffeln. Egal ob neue oder ältere Modelle, beim Lesen blättere ich mindestens einmal alle Seiten durch und lasse diesen herrlichen Geruchsmix aus Papier und Druckerschwärze auf mich wirken. Dabei ist mir aufgefallen, dass Taschenbücher anders riechen als gebundene Ausgaben oder beispielsweise Lehrbücher. Ein kleiner Mikrokosmos an Buchdüften.

{1047} teilen diesen Spleen

Wenn ich auf Sofas sitze oder liege, benötige ich immer eine Decke. Selbst im Hochsommer.

{475} teilen diesen Spleen

Ich muss mich morgens immer vom Heizlüfter oder einem Föhn im Bad aufwärmen lassen. Ich liebe das monotone Geräusch und die Wärme.

{30} teilen diesen Spleen

Ich ertappe mich immer wieder dabei, dass ich meine Sackhaare verbrenne. Das tut zwar kurz höllisch weh, aber der Geruch danach ist wie eine Droge für mich. Ich kann es einfach nicht sein lassen.

{2} teilen diesen Spleen

Immer wenn ich mich auf einen Stuhl setze, muss ich mein linkes Bein mit auf den Stuhl legen. Eine Art Schneidersitz mit einem Bein. Das mache ich nur zu Hause oder dort, wo ich mich wohl fühle. Kann ich es nicht tun, zapple ich ganz nervös mit dem Fuß herum und kann nicht still sitzen.

{114} teilen diesen Spleen

Ich liebe es, bei ungeöffneten Produkten des Alltags die Folienversiegelung abzuziehen. Am liebsten ist mir die Nutellaglasfolie, dicht gefolgt von der Zahnpastaversiegelung!

{127} teilen diesen Spleen

Wenn etwas seltsam riecht, muss ich immer wieder daran riechen, obwohl es total ekelhaft ist!

{179} teilen diesen Spleen

Hammerfeeling: Kopfschuppen über einer schwarzen Oberfläche abschrubben!

{55} teilen diesen Spleen

NICHTS geht über den Geruch lange eingelagerten Drecks unter den Fußnägeln.

{55} teilen diesen Spleen

Ich kann nicht an Pfützen mit Eisschicht vorbeigehen, ohne die Eisschicht einzutreten. Bin in der Hinsicht wohl nie erwachsen geworden.

{185} teilen diesen Spleen

Wer sagt, er liebt es nicht, in der Badewanne zu furzen, der ist ein verdammter Lügner!

{28} teilen diesen Spleen

Ich halte mir meinen Kater beim Kraulen ans Ohr, weil ich so gerne mag, wenn er mir seine schnurrenden Bässe durch den Körper jagt.

{ 32 } teilen diesen Spleen

Wenn der Zahnarzt mir das Zeug aus den Zahnzwischen-räumen rausgemeißelt hat, muss ich immer mit der Zungenspitze da durchreiben. Nur für dieses Gefühl gehe ich zum Zahnarzt.

{ 38 } teilen diesen Spleen

Ich esse alles, was ich irgendwie von meinem Körper ab-kriegen kann: Hautschuppen, »Schlaf« aus den Augen, Fingernägel, Hornhaut ... alles.

{ 11 } teilen diesen Spleen

Wenn ich alleine bin, furze ich mir in die Hand, schließe diese und ziehe mir mein Produkt originalverpackt so gut es geht vollständig durch die Nase. Je grässlicher ihn Mitmenschen finden würden, desto delikater empfinde ich ihn selbst.

{ 17 } teilen diesen Spleen

Ich liebe den Geruch der käsigen Stelle unter meinem Uhrenarmband.

{392} teilen diesen Spleen

Ich muss mir immerzu Nasenhaare mit zwei Fingern rausreißen. Ich mag dieses Gefühl kurz danach, wenn die Nase dann so kribbelt und sich Tränen im Auge sammeln. Am befriedensten ist es aber, wenn ich ein Haar erwische, was ganz hinten war, also ein besonders langes.

60 teilen diesen Spleen

Wenn ich einen stressigen Tag habe, muss ich die Haut neben meinen Fingernägeln abkauen. Das beruhigt mich dann. Da ich das ziemlich oft mache, sehen meine Fingerkuppen immer schrecklich aus.

133 teilen diesen Spleen

Ich schaue gerne meiner Waschmaschine beim Waschen zu! Ich sitz dann manchmal 20 oder 30 Minuten total entspannt davor und zwinge mich irgendwann wieder, was anderes zu machen, damit ich die Zeit nicht vergeude.

20 teilen diesen Spleen

Ich esse meine Popel. Das finde ich auch überhaupt nicht eklig. Um dabei aber nicht entdeckt zu werden, lasse ich nach dem beiläufigen Herauspulen die Ernte am Daumen kleben (den Daumen kann man gut in der Hand verstecken), um sie in einer unbeobachteten Sekunde zu essen.

50 teilen diesen Spleen

Ich habe einen großen Busen und ein volles Dekolleté. Im Laufe des Tages streife ich immer wieder gerne mal mit dem Finger zwischen meinen Brüsten entlang, um den leckeren Geruch zu riechen, der sich an meinem Körper an dieser Stelle befindet. Mein Freund schnüffelt da auch immer gerne.

27 teilen diesen Spleen

Wenn ich einen Pickel sehe, MUSS ich ihn ausdrücken. Inzwischen ist es so schlimm, dass ich sogar an Mückenstichen herumdrücke, in der Hoffnung, dass doch etwas herauskommt. Wenn ein Pickel beim Öffnen knackt, erfüllt mich das mit einem unendlichen Gefühl der Genugtuung, besonders bei Pickeln hinterm Ohr.

53 teilen diesen Spleen

Ich knacke unglaublich gern mit meinen Fingerknöcheln, und wenn ich einmal angefangen habe, muss ich jedes Gelenk einmal durchknacken. Es ist herrlich befreiend.

84 teilen diesen Spleen

Ich bin fast 50 Jahre alt und nuckle noch am Daumen.

1 teilt diesen Spleen

Egal ob in meiner eigenen Küche oder bei anderen, ich muss immer riesige Mengen Spülmittel auf den Schwamm gießen, damit später beim Abwasch ein übertriebener Haufen Schaum entsteht. Der Schwamm muss richtig gesättigt sein! Ich kann einfach nicht anders, Schaum ist so wunderschön!

42 teilen diesen Spleen

Für das ultimative Anzieh-Erlebnis lege ich meine Unterhosen vor dem Duschen immer auf eine warme Heizung.

33 teilen diesen Spleen

Immer wenn ich Zwiebeln oder Knoblauch geschält habe, ertappe ich mich die nächsten Tage dabei, dass ich weltvergessen an meinen Fingerkuppen den Nachgeruch abschnuppere.

81 teilen diesen Spleen

Ich liebe es, mir mit dem Autoschlüssel den Ohrenschmalz rauszupulen. Warum gibt es keine Q-Tips im Autoschlüsselformat?

100 teilen diesen Spleen

Nach dem Rauchen muss ich einmal rotzen. In Kneipen gehe ich dafür sogar nach jeder Fluppe auf die Toilette.

70 teilen diesen Spleen

Ich kaue, seit ich denken kann, an Fingernägeln und der Nagelhaut. Ich kann mir das einfach nicht abgewöhnen.

{ 33 } teilen diesen Spleen

Ich muss alle kleinen Wunden oder Kratzer, über denen sich ein Schorf gebildet hat, wieder aufkratzen.

{230} teilen diesen Spleen

Wenn ich im Herbst Fahrrad fahre, muss ich immer über alle trockenen Blätter fahren, weil ich das Geräusch so gerne mag.

{ 37 } teilen diesen Spleen

Wenn ich einen Kugelschreiber in der Hand habe, muss ich ihn immer auf- und zumachen, weil ich dieses stetige Geräusch, das dabei entsteht, als sehr beruhigend empfinde.

{ 57 } teilen diesen Spleen

Manchmal rasiere ich mir nur ein Bein, damit es sich im Bett so anfühlt, als läge ein Mann neben mir.

{ 2 } teilen diesen Spleen

Wenn mir kalt ist, lege ich immer meine Hände unter meine Oberschenkel.

{171} teilen diesen Spleen

Ich kann nicht mit trockenen Händen einschlafen. Ich muss sie mir vorher immer eincremen. Wenn keine Creme da ist, bin ich jedes Mal am Rande der Verzweiflung.

{102} teilen diesen Spleen

Ich liebe das Geräusch und den warmen Luftzug vom Föhn. Ich kann stundenlang auf meinem Klodeckel hocken, lesen und mir dabei die Haare föhnen. Manchmal mache ich den Föhn auch nur so an, fürs Geräusch. Das erzeugt bei mir Wohlbefinden. Einen ähnlichen Effekt erzielt auch ein Staubsauger oder ein Müllwagen. Aber der Föhn ist am schönsten.

{15} teilen diesen Spleen

Radiergummis muss ich immer auseinanderbrechen. Ich führe immer die beiden Enden zwischen Daumen und Zeigefinger zusammen. Wenn sie nicht von selbst auseinanderbrechen, ritze ich sie ganz leicht mit dem Fingernagel ein und sie brechen (hoffentlich) ganz langsam auseinander. Phantastisch.

{14} teilen diesen Spleen

Ich habe die Angewohnheit, Büroklammern zur Hälfte aufzubiegen und mir das eine Ende ins Ohr zu stecken. Das Metall fühlt sich immer angenehm kalt an, und es macht mich ganz schläfrig.

{15} teilen diesen Spleen

Ich muss immer an getragenen Socken riechen.

{ 33 } teilen diesen Spleen

Ich pople extrem gern in Kerzen herum. Jedes Mal nachdem ich eine gelöscht habe, muss ich einen Finger in das flüssige Wachs tauchen, um mich danach zu freuen, wie es auf meiner Fingerkuppe erstarrt.

{ 99 } teilen diesen Spleen

Ich liebe es, Papiere durch den Reißwolf zu schicken. Manchmal, wenn ich nichts zu schreddern habe, nehme ich ein paar Seiten aus einer Tageszeitung und schreddere sie. Beruhigt unheimlich.

{ 18 } teilen diesen Spleen

Ich rudere zweimal die Woche und bekomme davon immer Blasen und Hornhaut an den Händen. Obwohl ich weiß, dass es für mindestens drei Tage richtig scheiße aussehen wird (und das als Frau) und danach auch noch weh tun wird, muss ich die Blase aufstechen und dann die Haut dadrüber abknibbeln.

{ 14 } teilen diesen Spleen

Ich kann es nicht ertragen, wenn nach dem Öffnen einer Flasche dieser Plastikring dran ist. Ich muss den abziehen, am besten, ohne diesen zu beschädigen. Ich drehe ihn dann immer beiläufig herum, und nach 'ner Zeit ist der im Mund, und ich kaue ihn dann so flach es geht. Erst dann kann ich den Plastikring wegwerfen.

{ 26 } teilen diesen Spleen

Wenn ich zu Fuß unterwegs bin und an Zäunen vorbeilaufe, dann muss ich mit einer Hand an ihnen entlangfahren. Sie klingen je nach Material ganz unterschiedlich, aber immer nach Schöne-Langeweile-Kindheit.

{ 33 } teilen diesen Spleen

Ich rieche sehr oft an meinen Händen, denn oft riechen die so gut, so dass ich kaum aufhören kann zu riechen.

{ 16 } teilen diesen Spleen

Ich muss immer die Bläschen bei den Plastikdeckeln herunterdrücken.

{ 71 } teilen diesen Spleen

Wenn ich mit jemandem kuschele, achte ich immer auf seinen Atemrhythmus und versuche dann, gegenteilig zu atmen. Also wenn er einatmet, atme ich aus. Wenn ich das nicht tue, fühle ich mich unwohl.

{ 29 } teilen diesen Spleen

Wenn ich eine neue Packung Toilettenpapier gekauft habe, pike ich immer zuerst mit dem Zeigefinger Löcher in die Folie über den Papprollen, bevor ich sie richtig auspacke.

96 teilen diesen Spleen

Ich rieche den Geruch von meiner Katze so gerne. Jedes Mal wenn sie auf meinem Schoß sitzt, kraule ich ihr Fell und steck meine Nase hinein.

18 teilen diesen Spleen

Ich muss bei kalten Getränken in Glasflaschen das Etikett abpulen. Wenn sich große Stücke auf einmal lösen, fühle ich mich sehr befriedigt. Anschließend popele ich noch akribisch die Klebereste ab.

22 teilen diesen Spleen

Ich bin süchtig nach dem Geruch von Hochglanzmagazinen und Katalogen! Diese Mischung aus Druckerschwärze und Hochglanzpapier ist göttlich.

66 teilen diesen Spleen

Immer wenn ich mir einen Pickel ausgedrückt habe, muss ich an der rausgedrückten Masse riechen. Am Geruch kann ich dann erkennen, ob es sich um Eiter oder Talg handelt.

73 teilen diesen Spleen

Ich rieche oft an meinen Fingerspitzen. Meistens wenn ich nervös oder gestresst bin. Vor allem Ringfinger und Daumen gleichzeitig.

{209} teilen diesen Spleen

Ich rieche immer an allem Essbaren, bevor ich es esse. Ich rieche auch an Menschen, bevor ich entscheide, ob ich sie mag. Wenn ich mich an Dinge erinnere, ist es immer der Geruch in der Situation, an die ich denke. In der Stadt verliere ich oft den Verstand, weil mich die vielen Gerüche verwirren.

{17} teilen diesen Spleen

Gehe ich im Dunkeln spazieren, presse ich immer meine Augen zusammen. Das Licht der Straßenlaternen wird dadurch so schön verzerrt.

{9} teilen diesen Spleen

Wenn ich alleine fernsehe und etwas mit Kohlensäure trinke, rülpse ich nach jedem Schluck wie eine dreckige Sau.

{18} teilen diesen Spleen

Den Geruch von frischem Schweiß rieche ich an mir selbst meistens gerne. Bei allen anderen finde ich diesen Geruch total eklig. Genauso finde ich es widerlich, jemanden zu berühren, der verschwitzt ist. Selbst bei mir nahestehenden Personen ekelt mich das an, auch wenn ich sie sonst gerne umarme und »gut riechen« kann.

{ 90 } teilen diesen Spleen

Reflexe

Wikipedia verrät: Ein Reflex ist eine unwillkürliche, rasche und gleichartige Reaktion eines Organismus auf einen bestimmten Reiz. Die Betonung liegt auf unwillkürlich. Der Reflex als Mutter aller Spleens tritt immer dann auf, wenn wir nicht anders können. Wenn uns Stimmen aus dem All befehlen, in jeden Spiegel zu sehen, der uns unterwegs begegnet, oder den Dialekt unseres Gegenübers zu imitieren. Der Autor muss an dieser Stelle dringend vor der Lektüre dieses Kapitels warnen. Das ewig wissbegierige Gehirn des Menschen lernt auch Spleens. So beklagten viele Leser der Projektseite spleen24.tumblr. com übergesprungene Zwangshandlungen, die sie vorher nicht hatten. Sagen Sie hinterher bitte nicht, Sie hätten davon nichts gewusst.

Ich muss in Gesprächen ganz oft »aha« sagen, sonst fühle ich mich unwohl. Manchmal konzentriere ich mich so sehr darauf, dass ich vom Gesprächsinhalt nichts mitkriege.

{ 65 } teilen diesen Spleen

Wenn ich mein Outfit vor dem Spiegel checke, mache ich zum Schluss Rapper-Bewegungen mit den Händen.

{ 13 } teilen diesen Spleen

Wenn ich ein Argument habe, mit dem ich den anderen unwiederbringlich ins Abseits stellen kann, freue ich mich vorher schon so sehr, dass sich meine Nasenlöcher automatisch aufblähen, ich leicht feuchte Augen bekomme und beim Vortragen total scheiße und unnatürlich aussehe.

{ 15 } teilen diesen Spleen

Wenn in Texten ein * hinter Namen von Personen steht, muss ich jedes Mal den Lesefluss unterbrechen und das * suchen und nachsehen, ob dort wirklich »Name von der Redaktion geändert« steht, obwohl ich das natürlich vorher schon wusste.

{ 14 } teilen diesen Spleen

Ich laufe beim Telefonieren ständig herum. Auch zu Hause, wenn ich eigentlich auf dem Sofa sitzen oder auf dem Bett liegen könnte dabei.

{274} teilen diesen Spleen

Immer wenn ich ein Buch lese und darin Gesichtsausdrücke beschrieben werden, muss ich diese nachmachen. Manchmal auch mehrmals, bis ich mit dem Ergebnis zufrieden bin. In der Öffentlichkeit versuche ich es zu unterdrücken, aber ein paar Zuckungen oder Grimassen rutschen mir immer raus.

{220} teilen diesen Spleen

Wenn im Fernsehen jemand zwinkert, muss ich automatisch auch zwinkern.

{176} teilen diesen Spleen

Wenn ich batteriebetriebene Geräte (zum Beispiel Fernbedienungen) in der Hand halte, muss ich stets das Batteriefach öffnen und wieder schließen, und zwar so lange, bis ich es wieder aus der Hand lege bzw. bis ich das Fach irgendwann abbreche.

{18} teilen diesen Spleen

Immer wenn ich einen Film mit Untertitel schaue, muss ich den Untertitel lesen, anstatt einfach den Sprechern zuzuhören.

{191} teilen diesen Spleen

Manchmal (hauptsächlich beeinflusst durch Stress, Kälte und Lautstärke) zucke ich kurz mit dem ganzen Oberkörper zusammen und habe dabei ein Gefühl, als würde mir ein kalter Schauer über den Rücken laufen. Meistens habe ich aber absolut keine Kontrolle darüber.

{131} teilen diesen Spleen

Meine Mama, die eine brave und ordentliche Hausfrau ist, erzählt schon viele Jahre von ihrem Spleen, dass sie mehrmals im Jahr nicht an Schoko-Weihnachtsmännern oder Hasen vorbeigehen kann, ohne im Regal einen in der Hand zu zerquetschen.

{10} teilen diesen Spleen

Wenn ich merke, dass die Batterie in meiner Fernbedienung schwach wird, drücke ich die Tasten fester oder schlage die Fernbedienung auf das Sofa oder den Oberschenkel. Wäre ja auch zu einfach, die Batterie einfach auszutauschen.

{1096} teilen diesen Spleen

Ich klappere immer Melodien mit meinen Zähnen. Wenn ich im Stress bin, dann werden die Takte schneller.

{ 32 } teilen diesen Spleen

Wenn mich jemand auf der Straße anrempelt, entschuldige ich mich aus Reflex bei ihm. Kurz danach bemerke ich, dass er sich ja hätte entschuldigen müssen. Dann murmle ich leise Beschimpfungen vor mich hin.

{188} teilen diesen Spleen

Wenn ich mich freue, muss ich ganz schnell klatschen. Ein bisschen wie eine Robbe.

{ 22 } teilen diesen Spleen

Inzwischen essen sie zwar selbst, aber immer wenn ich früher meine Kinder gefüttert habe, musste ich selbst auch den Mund aufmachen, obwohl ich gar nichts gegessen habe. Ich konnte mich nur mit viel Konzentration zwingen, den Mund geschlossen zu halten.

{ 55 } teilen diesen Spleen

In der Dusche muss ich immer pinkeln, gleich nachdem ich das Wasser aufgedreht habe, obwohl ich vorher oft nicht musste.

{167} teilen diesen Spleen

Immer wenn ich das Wort »Gähnen« lese oder nur denke, muss ich schon gähnen.

86 teilen diesen Spleen

Ich kann partout nicht »normal«, also mit beiden Füßen parallel auf dem Boden, sitzen. Wenn ich es doch tue, fangen meine Beine an, nervös zu wippen und zu wackeln. Ich muss immer im Schneidersitz, auf einem oder zwei Beinen hockend oder in total merkwürdigen, für mich aber bequemen Verrenkungen sitzen.

101 teilen diesen Spleen

Ein paarmal am Tag brummt mein linker Oberschenkel. Das ist genau der Bereich, wo mein Handy in der Tasche liegt. Ich denke dann, das auf Vibration gestellte Handy klingelt. Dann merke ich, dass es vor mir auf dem Tisch liegt. Dann fasse ich sicherheitshalber noch mal an den Oberschenkel. Das geht jetzt seit drei Jahren so.

33 teilen diesen Spleen

Sobald ich stillhalten muss, fange ich an zu zittern. Sehr lästig beim Röntgen beim Zahnarzt, es reicht schon der Gedanke: »Verwackel bloß die Bilder nicht!« Auch beim Fotografiertwerden oder Kaffee in die Tasse gießen, wenn andere zusehen.

25 teilen diesen Spleen

Wenn mir etwas herunterfällt, versuche ich immer automatisch, es mit meinem Fuß aufzufangen, damit es nicht mit voller Wucht auf den Boden fällt. Auch bei Gegenständen, die meinen Fuß verletzen könnten. Meistens hilft es aber und die Gegenstände bleiben heile.

{195} teilen diesen Spleen

Wenn das Müllwegwerfen erfordert, dass ich die Mülltonne vor dem Haus mit der Hand berühren muss, schaffe ich es anschließend nicht zurück ins Haus zum Händewaschen, ohne mir vorher mindestens einmal an die Nase zu fassen, weil diese ganz plötzlich doll juckt.

{14} teilen diesen Spleen

Wenn im Radio Werbung kommt oder der Moderator irgendwas Dummes sagt, sage ich immer laut zum Radio: »Halt die Fresse.« Und schalte dann um.

{152} teilen diesen Spleen

Immer wenn mir eine Synchronstimme in einem Film oder einer Serie bekannt vorkommt und mir nicht einfällt, woher ich die Stimme kenne, muss ich das erstmal googeln, denn sonst lässt es mir keine Ruhe.

{176} teilen diesen Spleen

Ich muss immer meinen Senf zu Dingen abgeben. Aber es befriedigt mich schon, wenn ich meinen Text nur tippe, ohne ihn dann wirklich abgeschickt zu haben. Ich muss meine Worte einfach nur irgendwie loswerden und mich selbst austricksen. Manchmal schicke ich den Text dann doch ab, lösche ihn aber kurz darauf wieder. Das Gefühl von Erleichterung ist dann größer, ebenso wie der Austrickseffekt.

{ 18 } teilen diesen Spleen

Immer wenn mein Chef an mir vorbeiläuft, bekomme ich einen Mini-Schreck, setze mich sofort aufrechter hin und tue extra beschäftigt, damit er nicht glaubt, dass ich nichts tue.

{ 46 } teilen diesen Spleen

Oft wenn ich ein Lied höre oder einen Ohrwurm habe, muss ich im Rhythmus des Liedes auf meine Backenzähne beißen und meinen Kiefer anspannen. Wenn ich nervös bin, mache ich das auch.

{124} teilen diesen Spleen

Ich öffne immer, wenn ich in die Küche gehe, reflexartig den Kühlschrank, schaue hinein und mache ihn wieder zu. Selten finde ich etwas Leckeres, das ich wirklich rausnehme.

{ 80 } teilen diesen Spleen

Wenn ich an Orten mit vielen Menschen, aber absurder Stille (zum Beispiel der Unibibliothek) bin, habe ich das starke Bedürfnis, die Stille zu brechen und laut zu schreien.

{ 38 } teilen diesen Spleen

Ich muss automatisch lächeln, wenn mich jemand anschreit oder versucht, ein ernstes Gespräch zu führen. Je schlimmer es wird, umso mehr muss ich lächeln, und mein Gegenüber kommt sich total verarscht vor. Leider auch meine Vorgesetzten.

{ 50 } teilen diesen Spleen

Immer wenn ich auf der Straße einen Hund sehe, muss ich ihn begrüßen, »Na, du Hund ...«, oder so. Die Hunde finden das meistens ganz o.k., die Hundebesitzer oft nicht so.

{ 27 } teilen diesen Spleen

Wenn ich barfuß bin, muss ich immer auf Zehenspitzen laufen. Ich weiß auch nicht, warum, das passiert ganz automatisch.

{ 38 } teilen diesen Spleen

Wenn ich beim Einkaufen einen Einkaufswagen brauche, nehme ich immer einen aus der Reihe mit den meisten

Wagen und stelle ihn nach dem Einkauf in die kürzeste Reihe. Warum machen das nicht alle? Die Reihen sollten alle gleich lang sein!

451 teilen diesen Spleen

Immer wenn mein Handy klingelt und ich sehe, wer mich anruft, sage ich trotzdem fragenderweise »Hallo?«, so als wüsste ich nicht, wer dran ist.

71 teilen diesen Spleen

Ich lese Schilder vor. Laut. Permanent. Wenn ich mit anderen Menschen zum Spazieren in der Stadt unterwegs bin, streift mein Blick über die Häuserfassaden – ich kann dann nicht anders und muss die Schilder, die ich besonders toll finde, laut vorlesen.
Besonders gern habe ich schöne Schilder von tollen Bäckerläden.

8 teilen diesen Spleen

Immer wenn in irgendeiner Serie oder in irgendeinem Film eine Szene kommt, die für den Hauptdarsteller peinlich ist, schäme ich mich so für diesen, dass ich ihn mit meiner Hand verdecke. So muss ich ihn nicht anschauen.

44 teilen diesen Spleen

Wenn ich beim Friseur sitze und er mit der Haarschneide-
maschine nah an mein Ohr kommt, dann schüttelt es
mich sichtbar, und mir läuft ein Schauer den Rücken runter. Das ist leider so deutlich sichtbar, dass ich immer
nervös werde und dann versuche, das mit Husten zu
überdecken.

{ 23 } teilen diesen Spleen

Wenn ich auf der Waage stehe, dann ziehe ich immer automatisch den Bauch ein, obwohl ich selbst weiß, dass es
das Ergebnis nicht verfälscht.

{ 134 } teilen diesen Spleen

Wenn ich eine eklige Geschichte über Verletzungen höre,
dann muss ich mich ducken, die Arme verschränken und
Augen und Mund zusammenkneifen.

{ 22 } teilen diesen Spleen

Wenn jemand von einer Verletzung oder einer Krankheit
erzählt, bekomme ich sofort Phantomschmerzen. Spricht
jemand zum Beispiel vom Blutabnehmen, tut meine Arm-
beuge weh.

{ 32 } teilen diesen Spleen

Wenn im Film jemand unter Wasser taucht, muss ich auch die Luft anhalten.

83 teilen diesen Spleen

Ich muss immer, wenn ich etwas berührt habe, es noch ein zweites Mal berühren, sonst komme ich nicht zur Ruhe.

51 teilen diesen Spleen

Immer wenn ich weinen muss, muss ich sofort in einen Spiegel gucken, um gleich wieder aufzuhören.

45 teilen diesen Spleen

Meistens, wenn ich etwas laut gesagt habe, forme ich mit meinen Lippen stumm die Sprechbewegungen nach. Das geschieht aber unbewusst. Wenn andere mich darauf aufmerksam machen, kann ich es für ein paar Minuten kontrollieren.

4 teilen diesen Spleen

Immer wenn meine Hände frei sind, habe ich einen Rhythmus im Kopf, zu dem ich meine Finger in gleichmäßigen Abständen und symmetrisch bewegen muss. Also zum Beispiel Zeigefinger, Ringfinger, Daumen und Mittelfinger.

7 teilen diesen Spleen

Immer wenn jemand über Läuse redet, kratze ich mich am Kopf, auch wenn es nicht juckt.

{ 4 } teilen diesen Spleen

Immer wenn ich die Klospülung betätige, muss ich ins Klo spucken. Keine Ahnung, warum, aber ich mache das wohl schon seit Jahrzehnten.

{ 18 } teilen diesen Spleen

Bei Reiseantritt esse ich immer innerhalb von wenigen Minuten alle meine Fahrtbrote auf, die eigentlich für den ganzen Tag gedacht sind.

{308} teilen diesen Spleen

Ein Klassiker: Ich ziehe an Türen, auf denen dick und fett DRÜCKEN steht!

{467} teilen diesen Spleen

Ich sehe mich grundsätzlich in jedem Spiegel an, der mir in die Quere kommt.

{896} teilen diesen Spleen

Wenn ich über etwas nachdenke, was mich beunruhigt, muss ich mir immer vor dem Badezimmerspiegel Pickel ausdrücken. Und wenn sie noch so klein sind. Das entspannt mich jedes Mal.

{ 46 } teilen diesen Spleen

Ich schaue allen immer auf den Mund anstatt in die Augen.

{ 779 } teilen diesen Spleen

Wenn ich esse, während der Fernseher läuft, kann ich nur essen, solange keine Werbung kommt. Während der Werbung höre ich auf zu essen oder schalte um.

{ 783 } teilen diesen Spleen

Wenn ich am Bahnsteig stehe und ein Zug einfährt, höre ich in meinem Kopf immer eine Stimme, die will, dass ich vor den Zug springe. Als wäre es eine Art Mutprobe.

{ 45 } teilen diesen Spleen

Ich habe mir angewöhnt, mich im Spiegel anzugrinsen, wenn ich alleine in einem Raum mit einem Spiegel bin – egal, wie gut oder schlecht es mir geht.

{ 54 } teilen diesen Spleen

Wenn ich nervös bin, kratze ich mir systematisch den Kopf, pule die Schuppen runter und rieche daran. Leider auch in Situationen, bei denen es Leute mitbekommen, die es besser nicht sehen sollten.

43 teilen diesen Spleen

Ich muss bei Wohnungen im Erdgeschoss immer durchs Fenster glotzen. Manchmal nehme ich mir aus Höflichkeit schon zehn Meter vorher vor, auf jeden Fall geradeaus zu schauen, und dann reißt es meine Pupillen doch Richtung Fenster.

5 teilen diesen Spleen

Wenn ich meine Wimpern tusche, dann muss ich dabei immer den Mund öffnen.

34 teilen diesen Spleen

Wenn ich wissen will, wie spät es ist, entsperre ich mein Handy, schau drauf, stecke es wieder ein, und eine Minute später fällt mir ein, dass ich gar nicht auf die Uhr geschaut habe.

1098 teilen diesen Spleen

Wenn ich auf einer mir relativ unbekannten Einkaufsstraße aus einem Geschäft wieder rauskomme, gehe ich erst mal in die Richtung zurück, aus der ich gekommen bin, um dann zu merken, dass ich da doch schon war, und kehre um.

65 teilen diesen Spleen

Ich bin nicht selbstmordgefährdet und habe keine schlimme Höhenangst, aber wenn ich auf hohen Gebäuden oder Bergen stehe, zieht mich ein Gefühl in der Magengegend immer runter, so als müsste ich da jetzt runterspringen oder fallen.

65 teilen diesen Spleen

Ich fasse mir mehrmals täglich an die Mundwinkel, um getrocknete Spucke zu entfernen, die gar nicht da ist.

33 teilen diesen Spleen

Wenn ich mit Leuten zu tun habe, die einen Dialekt sprechen, fange ich automatisch an, ihren Dialekt zu übernehmen. Schlimm bei Berlinern. Ich selbst spreche mehr oder weniger Hochdeutsch.

45 teilen diesen Spleen

Wenn ich Worte oder Sätze höre, die in einem mir bekannten Song vorkommen, beginne ich reflexartig, ab dieser Stelle den Songtext vor mich hin zu murmeln. Am schlimmsten ist es bei »Alright«, dann sage ich automatisch:

»Toy green, yeah, I was right all along.« (The Hives – »Tick Tick Boom«.) Natürlich ganz leise.

5 teilen diesen Spleen

Immer wenn mein Freund an meinen Nippeln rumspielt, bekomme ich Durst und muss etwas trinken.

2 teilen diesen Spleen

Wenn ich mich gehend mit jemandem unterhalte und derjenige plötzlich die Seiten tauscht, werde ich ganz kribbelig und wünsche mir, dass er wieder auf der anderen Seite von mir läuft.

90 teilen diesen Spleen

Wenn ich an einer Dönerbude vorbeilaufe, muss ich immer schauen, wie viel Fleisch noch auf dem Spieß ist.

12 teilen diesen Spleen

Immer wenn ich mit Bus oder Bahn unterwegs bin, bekomme ich kurz vor dem Ziel eine Erektion. Wenn man eine dünne Hose anhat, kann einen das schon mal am Aussteigen hindern.

16 teilen diesen Spleen

Immer wenn ich etwas über Insekten höre oder lese, fängt es mich überall an zu jucken, als ob sie alle über mich laufen und zwicken würden.

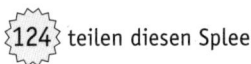 teilen diesen Spleen

Immer wenn ich Hühner sehe, habe ich den Drang, Hühnergeräusche zu machen. Ich kann das nur schwer unterdrücken, wenn Leute, die mich nicht kennen, in der Nähe sind. Oft mache ich auch Hühnergeräusche, ohne Hühner zu sehen.

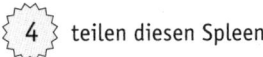 teilen diesen Spleen

Kopfkino

Grundsätzlich ist ein Spleen aus der Kategorie »Kopf-kino« immer auch ein gutes Zeugnis für die Kreativität seines Trägers. Darunter fallen alle Gedanken, die sich von der Leine der Vernunft losreißen, um sich irgendwo im Grenzbereich zwischen Phantasie und Wahnsinn aus-zutoben. Hier unterscheiden wir stets zwischen gesegnet und betroffen. Es ist eine phantastische Gabe, sich in Ge-danken eigene Parallelwelten aufbauen zu können. Und ein Fluch, wenn wir unserem Gesprächspartner in Ge-danken in die Fresse hauen wollen – nur weil wir neu-gierig auf die Reaktion wären. Bemerkenswert sind die vielen verschiedenen Ausprägungen des überraschend weit verbreiteten Phänomens »Selbstgespräch«. Die inner-liche und abendfüllende Generalprobe vor anstehenden Auseinandersetzungen scheint demnach eher Regel statt Ausnahme zu sein. Wir sind eben gern vorbereitet. Auch auf das Unwahrscheinliche: Sie werden nicht glauben, wie viele Menschen eine fertige Oscar-Dankesrede im Kopf haben.

Ich lasse mir beim Rasieren immer kurz ein Hitler-Bärtchen stehen und finde das jedes Mal sauwitzig.

17 teilen diesen Spleen

Wenn ich eine Spinne mit dem Staubsauger aufsauge, muss ich danach immer einen kleinen harten Gegenstand aufsaugen. Meistens lege ich mir im Vorfeld schon ein Cent-Stück bereit. Erst wenn ich das Geldstück im Staubsaugerrohr klimpern höre, bin ich beruhigt, dass die Spinne auch wirklich tot ist (das Geld erschlägt sie ja).

4 teilen diesen Spleen

Wenn ich als Beifahrer in einem Auto mitfahre und aus dem Fenster schaue, stelle ich mir immer vor, dass ich im Vorbeifahren alle Bäume, Laternen und Straßenbegrenzungen mit einer riesigen Kettensäge absäge.

12 teilen diesen Spleen

Wenn ich an einer Fußgängerampel stehe, den Knopf drücke, es Grün wird und ich rübergehe, fühle ich mich unglaublich mächtig, weil die ganzen Autos Rot haben und wegen mir halten müssen.

54 teilen diesen Spleen

Wenn ich mit jemandem spreche, muss ich mir manchmal vorstellen, wie es wäre, diese Person einfach so zu küssen. Ich könnte es theoretisch ja einfach machen. Besonders komisch ist das dann, wenn der Gesprächspartner sehr alt, extrem ungepflegt oder der Vater meiner Freundin ist. Übrigens muss ich beim Essen oft daran denken, wie es wäre, meinem Gegenüber die Gabel in den Hals zu rammen.

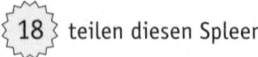 **18** teilen diesen Spleen

Wenn ich in der Fußgängerzone unterwegs bin und mir langweilig ist, zähle ich von zehn abwärts und stelle mir vor, wie mich die Frau, die ich als Erstes sehe, nachdem ich bei null angekommen bin, zum Sex mit ihr zwingt. Ist ziemlich abwechslungsreich, mal gewinnt man, mal verliert man.

 1 teilt diesen Spleen

Immer mal wieder, wenn ich mit Personen spreche, besonders mit Respektspersonen, habe ich den unterschwelligen Drang, der Person ins Gesicht zu spucken. Eigentlich will ich das gar nicht, aber irgendwie stört es mich dann, dass ich es nicht machen kann, weil es dann ja tierisch Stress geben würde. Danach muss ich mich schwer konzentrieren, um wieder dem Gespräch zu folgen und mein Gegenüber nicht einfach mit leerem Blick anzustarren.

4 teilen diesen Spleen

Ich analysiere die Einkäufe von anderen Menschen an der Kasse vor mir und denke darüber nach, wie sie leben oder was sie mit dem Einkauf vorhaben. Mütter mit vielen Süßigkeiten oder Fertiggerichten gucke ich böse an, auch wenn ich grade selbst ungesund eingekauft habe.

{110} teilen diesen Spleen

Jedes Mal wenn ich ein Gespräch geführt habe, muss ich es hinterher im Kopf noch mal durchgehen und ärgere mich über Fehler, die mir im Gespräch unterlaufen sind.

{160} teilen diesen Spleen

Manchmal wünsche ich mir, dass einer aus meiner Familie plötzlich stirbt, nur um zu wissen, ob ich dann traurig darüber wäre.

{25} teilen diesen Spleen

Ich habe manchmal eine Art Ohrwurm von einzelnen Worten oder Sätzen, die ich dann immer wieder in meinem Kopf wiederhole. Dabei wechsle ich manchmal auch durch mehrere Sprachen. Das geht dann oft so weit, dass die Worte für mich überhaupt keinen Sinn mehr ergeben. Was allerdings nicht bedeutet, dass ich dann damit aufhöre – das kann manchmal über Tage gehen.

{134} teilen diesen Spleen

Ich habe einen imaginären Countdown. Zum Beispiel wenn der S-Bahn-Fahrer zu lange braucht, um loszufahren, zähle ich von 60, 30 oder 10 runter, bis ich ihn im Kopf als Hurensohn beleidige.

{ 22 } teilen diesen Spleen

Wenn ich an einer roten Fußgängerampel warten muss, laufe ich sofort los, sobald die Autos anhalten, und warte nicht auf das Ampelmännchen. Das gibt mir das Gefühl, zumindest für diese wenigen Sekunden über das Diktat der Ampel gesiegt zu haben.

{ 42 } teilen diesen Spleen

Ich kann meine Hand nicht aus dem Bett hängen lassen, obwohl ich weiß, da unten ist niemand, aber die Vorstellung, es könnte etwas oder jemand daran ziehen, ist unangenehm.

{313} teilen diesen Spleen

Wenn ich etwas zu tun habe, aber stattdessen meine Zeit mit etwas anderem verplemper, setze ich mir eine Frist, wann ich loslegen muss. Zum Beispiel: »Na gut, du kannst noch ein bisschen auf Facebook rumhängen, aber um Punkt … gehst du einkaufen!« Sobald ich mir die Frist gesetzt habe, fange ich an, ständig auf die Uhr zu schauen, und werde immer nervöser, je weniger Zeit mir noch bleibt. Seltenst schaffe ich es, die Frist einzuhalten, meist gebe ich mir noch einen oder mehrere Aufschübe. Während der Aufschübe habe ich dann ein schlechtes Gewissen und ärgere mich, weil ich so faul bin.

1934 teilen diesen Spleen

Wenn ich ein sehr gutes Lied auf YouTube gehört habe, habe ich Angst davor, noch mehr vom selben Künstler anzuhören, weil es mich enttäuschen könnte. Also höre ich lieber nichts weiter an und genieße das eine tolle Lied, das ich gefunden habe. Erst nach Wochen hab ich den Mut, vielleicht doch noch ein weiteres anzuhören.

45 teilen diesen Spleen

Ich streichle mir selbst zärtlich über Kopf und Haare und stelle mir vor, jemand anderes würde mich streicheln.

60 teilen diesen Spleen

Wenn ich auf eine Tür zulaufe, die automatisch öffnet und schließt, muss ich fast schon gezwungenermaßen kurz davor eine Geste machen, welche den Eindruck entstehen lässt, ich würde diese mittels meiner Jedi-Kräfte bewegen. Fühle ich mich dabei beobachtet, lass ich die Hand eng am Körper anliegen, um die Geste komme ich allerdings trotzdem nicht herum.

67 teilen diesen Spleen

Immer wenn ich eine Person des anderen Geschlechts treffe, füge ich meinen Nachnamen an ihren Vornamen und umgekehrt, um zu sehen, wie es klingen würde, wenn wir mal heirateten.

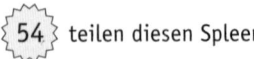 teilen diesen Spleen

In ernsten Situationen, wie Beerdigungen, Besprechungen mit Führungskräften, Sitzungen oder Schulungen, habe ich immer mal wieder das dringende Bedürfnis, etwas Irres zu tun. Dem Redner etwas an den Kopf zu werfen, mich vom Stuhl fallen zu lassen, laut zu singen, etwas Ätzendes dazwischenzurufen. Ich muss mich dann immer sehr stark konzentrieren, um dem Drang nicht nachzugeben. Ist auch noch nie passiert, aber ich male mir immer aus, wie blamiert ich danach wäre und wie die Leute wohl tatsächlich auf so was reagieren würden.

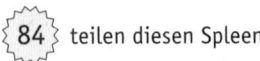 teilen diesen Spleen

Wenn ich auf der Toilette bin, dann rede ich immer mit einem unsichtbaren Freund über Sachen, die mich aufregen.

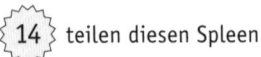 teilen diesen Spleen

Ich kann mich in der vollen Tram nicht auf einen wunderschön freien Doppelplatz setzen, weil es doch verdammt noch mal einen Grund geben muss, warum der frei geblieben ist! Da hat sich bestimmt vorher jemand in die Hose gemacht. Einzige Erklärung.

{ 33 } teilen diesen Spleen

Oft denke ich, ich bin ganz alleine auf der Welt, da ja nur ich weiß, was ich denke und tue. Alle anderen sind nur Deko und existieren nur für mich, um meine Welt realistischer und nicht so langweilig zu machen.

{ 43 } teilen diesen Spleen

Wenn ich beim Autofahren einen traurigen Song höre, nehm ich mir jedes Mal vor, exakt diese Nummer auf meiner Beerdigung spielen zu lassen, und stell mir dann unweigerlich vor, wie alle vor Trauer nur so zerfließen werden, was mich unwillkürlich fröhlich stimmt, spricht es doch dafür, was für ein netter Kerl ich wohl war. Ich dürfte inzwischen schon auf weit über 100 Songs gekommen sein, die auf meiner Beerdigung gespielt werden müssten und meinen Abschied von dieser Welt in einen wahren Heulmarathon verwandeln würden.

{ 41 } teilen diesen Spleen

Wenn ich förmliche Gespräche führe (etwa ein Bewerbungsgespräch, am Bankschalter oder bei Behördengängen), stelle ich mir vor, der Person mir gegenüber aus dem Nichts eine Backpfeife zu verpassen, einfach nur, um zu sehen, wie sie wohl reagieren würde. Ich bin ein sehr friedlicher Mensch, und ich habe noch niemandem ins Gesicht geschlagen, aber dieser Gedanke fasziniert mich irgendwie.

{703} teilen diesen Spleen

Wenn ich in einem Meeting sitze, stelle ich mir immer vor, dass gleich ein Amokläufer in den Raum stürmt – und überlege dann, wie ich ihn niederringen würde und wie mich anschließend alle als Held feiern.

{67} teilen diesen Spleen

Wenn ich in der Küche stehe, mit einem Messer rumhantiere und jemand reinkommt, überlege ich jedes Mal, wie es wäre, jemanden zu erstechen.

{70} teilen diesen Spleen

Manchmal, wenn ich nachts alleine mit dem Auto unterwegs bin, fange ich an, mir einzubilden, dass irgendein Auto, das hinter mir fährt, MIR hinterherfährt. Woraufhin ich dann in den Agentenmodus schalten muss – der Verfolger muss auf jeden Fall abgehängt werden. Es kam sogar schon vor, dass ich an meinem Haus vorbeigefahren bin, wenn ein Auto den gleichen Weg nimmt und ich es nicht abhängen konnte. Dann fahre ich mindestens noch einmal mehr um den Block, um sicherzugehen, dass mir niemand gefolgt ist. Wahrscheinlich zu viele Spionage- und Verschwörungsfilme gesehen.

{17} teilen diesen Spleen

Ich trinke nicht gern aus sehr dünnen Weingläsern. Eine kleine Stimme in mir sagt dann, dass ich es kaputtbeißen sollte.

{ 70 } teilen diesen Spleen

Immer wenn ich mit dem Fahrrad unterwegs bin, kann ich es absolut nicht leiden, wenn jemand schneller fährt als ich. Falls jemand auf die Idee kommt, mich überholen zu müssen, muss ich als Erster an einem gedachten Ziel (zum Beispiel die nächste Ampel) sein. Jede Fahrradfahrt ist ein Wettrennen!

{ 162 } teilen diesen Spleen

Immer wenn ich eine schwangere Frau (im besten Fall mit ihrem Mann) sehe, ist das Erste, was ich denke: »Ich weiß, dass du Sex hattest!« Und dann schäme ich mich und freue mich mit den werdenden Eltern.

{ 117 } teilen diesen Spleen

Wenn ich auf eine Weltkarte schaue, will ich die Formen von Südamerika und Afrika wieder ineinanderfügen. Es regt mich richtig auf, dass die sich getrennt haben.

{ 164 } teilen diesen Spleen

Wenn ich mich dabei erwische, an etwas »Unanständiges« zu denken, dann hab ich immer sofort Angst, es könnte

jemand um mich herum sein, der Gedanken lesen kann!
Dann höre ich sofort auf damit und denke an etwas Braves.

{167} teilen diesen Spleen

Immer wenn mir die Polizei begegnet, stelle ich mir vor, wie sie mich gleich verhören. Ich muss mir immer die gleichen Fragen beantworten. Wo komme ich her? Wo gehe ich hin? Erst wenn ich dafür (und mein Verhalten) ausreichende Erklärungen gefunden habe, stelle ich mir vor, wie ich die Polizei beschimpfe, dass ich denen diese Information gar nicht geben müsste usw. In den paar Fällen, bei denen ich bisher kontrolliert worden bin, haben sie diese Fragen nie gestellt. Und was angestellt habe ich sowieso nicht.

{17} teilen diesen Spleen

Ich schaue nur sehr ungern durch den Türspion, wenn es klingelt, weil ich dann immer denken muss, dass draußen ein Perverser steht, der mir durch den Spion eine angespitzte Fahrradspeiche ins Auge hauen will.

{14} teilen diesen Spleen

Beim Verwendungszweck auf Überweisungen gebe ich grundsätzlich zusätzlich den Zweck »Für sexuelle Gefälligkeiten« an. Dabei lach ich mir regelmäßig einen Ast, wenn ich darüber nachdenke, wie das wohl beim Empfänger ankommt.

{13} teilen diesen Spleen

Wenn ich in einem Film oder Computerspiel sehe, wie jemand taucht, muss ich genauso lange die Luft anhalten, um zu sehen, ob ich ertrinken würde. Wäre schon oft schlimm ausgegangen!

52 teilen diesen Spleen

Manchmal versuche ich, an nichts zu denken. Doch natürlich klappt es nicht! Denn ich denke, dass ich nichts denken muss.

44 teilen diesen Spleen

Unter der Dusche gebe ich imaginäre Interviews oder halte Dankesreden für einen Preis. Auf Englisch.

41 teilen diesen Spleen

Immer wenn ich zu Fuß irgendwohin laufe und ich relativ alleine bin, schließe ich die Augen für fünf Sekunden und versuche, nirgends gegenzulaufen. Oder aber ich fixiere ein Objekt, zum Beispiel eine Laterne, und schwöre mir, die Augen erst zu öffnen, wenn ich daran vorbei bin. Ich versuche also zu »spüren«, wann die Laterne vorbei ist. Bisher ist mir noch nichts passiert, ich muss mich aber immer zusammenreißen, das nicht auch auf dem Fahrrad zu machen.

102 teilen diesen Spleen

Immer wenn ich koche, stelle ich mir vor, dass ich ein Fernsehkoch bin, und kommentiere alles, was ich mache. Damit meine »Zuschauer« auch nachvollziehen können, was ich da mache.

22 teilen diesen Spleen

Immer wenn ich ein Haar von meiner Kleidung auf den Boden oder die Straße werfe, denke ich daran, dass ich von *CSI* über meine DNA mit einem Verbrechen in Verbindung gebracht werden kann, wenn es an dieser Stelle passiert.

17 teilen diesen Spleen

Wann immer ich irgendwo »USA« lese oder höre, ist in meinem Kopf sofort Homer Simpson, der schreit: »USA! USA!«

55 teilen diesen Spleen

Ich schließe immer Wetten mit mir ab. Zum Beispiel, wenn ich das Papier in den Papierkorb werfe und treffe, geschieht etwas, was ich vorher als Wetteinsatz eingesetzt habe.

45 teilen diesen Spleen

Ich gebe mir oft selbst Interviewfragen zu meinem Leben vor und beantworte diese dann laut. Wenn ich zu lange ausschweife, fang ich noch mal an, bis die Antwort präzise und medientauglich ist. Manchmal vergeht dabei schon mal eine Stunde.

{251} teilen diesen Spleen

Wenn ich einen Text schreibe, dann spreche ich in Gedanken die Satzzeichen mit. Also zum Beispiel: Ich weiß KOMMA, dass das nicht meine einzige Macke ist KOMMA, aber ich denke KOMMA, ich mag mich trotzdem. Meistens sage ich es dann noch halblaut vor mich her.

{142} teilen diesen Spleen

Ich träume regelmäßig davon, dass mir nacheinander an einem Tag alle Zähne ausfallen, bis ich keine mehr habe.

{31} teilen diesen Spleen

Ich führe permanent Selbstgespräche, wenn ich allein bin. Manchmal streite ich mich förmlich. Und manchmal unterhalte ich mich auch mit Personen, die gerade gar nicht da sind. Wenn ich die Leute dann treffe, rede ich über was ganz anderes.

{186} teilen diesen Spleen

Ich verbinde die Menschen in meinem Umfeld aufgrund von Aussehen oder Verhalten mit Tieren.

{ 11 } teilen diesen Spleen

Immer wenn ich was in der Mikrowelle habe und es sind noch wenige Sekunden, bis sie piept, renne ich hin, drücke auf den Aus-Knopf und fühle mich, als hätte ich eine Bombe kurz vor dem Explodieren entschärft.

{ 61 } teilen diesen Spleen

Menschen, denen ich immer wieder begegne (die ich aber gar nicht kenne, etwa in der Bahn oder im Supermarkt), bekommen Namen – die meistens nicht sehr schmeichelhaft sind. Es gibt die Lila-Kopfhaut-Oma, die Power-Lesbe, den Agentur-Affen usw. Mein Gehirn macht das automatisch, ich kann das nicht abstellen.

{ 44 } teilen diesen Spleen

Als Kind habe ich mir ständig Geschichten ausgedacht, um meiner Mutter zu Hause aufregende Storys aus der Schule erzählen zu können. Ich habe mir Gespräche mit Klassenkameraden einfach so zurechtgelegt, wie ich wollte, und wusste manchmal selbst nicht mehr, was wirklich passiert war und was ich nur in meinem Kopf kreiert hatte.

{ 40 } teilen diesen Spleen

Immer wenn ich Geld am Geldautomaten holen will, ändere ich in Gedanken meinen PIN, da ich das Gefühl habe, dass jemand meine Gedanken liest. Zum Beispiel: Mein PIN ist 1234, und ich denke dann 1243. Sonst fühle ich mich nicht sicher.

6 teilen diesen Spleen

Wenn beim Einkaufen jemand vor mir seine Waren auf das Band legt, stelle ich mir vor, was es dort wohl zu essen gibt, und male mir aus, wie diese Person das Essen zubereitet und den Abend verbringt.

65 teilen diesen Spleen

Manchmal stelle ich mir vor, einen wertvollen Gegenstand, den ich gerade in Händen halte, einfach aus dem Fenster zu schmeißen und zuzuschauen, wie er kaputtgeht.

55 teilen diesen Spleen

Wenn ich Paare sehe, die schon lange zusammen sind und einen langweiligen Eindruck vermitteln, versuche ich mir immer vorzustellen, wie sie miteinander Sex haben.

66 teilen diesen Spleen

Wenn ich mit meinem Freund unterwegs bin, achte ich penibel darauf, dass keine Stange oder Laterne zwischen uns ist, da ich dann immer denke, dass uns das trennt.

70 teilen diesen Spleen

Wenn ich in einen Spiegel sehe, habe ich immer das Gefühl, dass das so ein einseitig durchsichtiges Spiegelglas wie in den Verhörräumen bei der Polizei ist. Und dann denke ich, dass ich beobachtet werde. Das geht mir auch zu Hause so, obwohl ich da ja weiß, dass es nur ein Spiegel ist.

9 teilen diesen Spleen

Wenn ich eine Buchreihe lese, stelle ich mir oft vor, dass ich einer der Protagonisten wäre, und denke und handle in der Realität wie sie.

76 teilen diesen Spleen

Wenn ich mir mit jemandem ein Zimmer teile, tue ich alles, um am weitesten von der Tür entfernt zu schlafen. Es könnte ja sein, dass jemand die Tür aufbricht und uns umbringen will. Und das erste potentielle Opfer liegt nahe der Tür.

24 teilen diesen Spleen

Wenn ich Gruppenfotos von fremden Leuten sehe, dann gehe ich immer jedes Gesicht einzeln durch und hake im

Geiste eine Liste mit »ja«, »nein«, »vielleicht« für die in Frage kommenden Sexualpartner ab.

17 teilen diesen Spleen

Manchmal ertappe ich mich dabei, wie ich mich diebisch darüber freue, dass ich so lange aufbleiben kann, wie ich will, und alle anderen Kinder schon ins Bett müssen. Ich bin 32 Jahre alt.

27 teilen diesen Spleen

Bevor ich schlafe, liege ich immer noch eine Zeitlang im Bett und denke mir eine Geschichte aus, die damit endet, dass ich bei jemand in den Armen liege und einschlafe. Das dauert manchmal mehrere Stunden, aber ohne eine solche Geschichte ist es mir unmöglich einzuschlafen.

27 teilen diesen Spleen

Immer wenn ich die Security-Mitarbeiter am Eingang eines Geschäfts sehe, lege ich mich innerlich mit ihnen an.

6 teilen diesen Spleen

Immer wenn ich in einem Film oder einer Serie eine Szene sehe, in der sich zwei Menschen sehr nah sind, stelle ich mir vor, wie unangenehm es für den einen wäre, wenn sein Gegenüber Mundgeruch hätte.

19 teilen diesen Spleen

Manchmal denke ich, dass mein ganzer Freundeskreis von meinen Eltern bezahlt wird, damit sie mit mir abhängen.

 teilen diesen Spleen

Bei der Arbeit erkläre und begründe ich alle Arbeitsabläufe, die ich mache, einem fiktiven Auszubildenden. Wenn mich jemand erwischt und fragt, ob ich Selbstgespräche führe, sage ich immer, dass ich gerade Spanisch lerne und die Aussprache neuer Vokabeln übe.

 teilen diesen Spleen

Wenn ich über eine Brücke laufe, unter der Autos oder Züge fahren, freue ich mich immer, wenn ich mit keinem kollidiert wäre, hätte ich die Fahrbahn eine Etage tiefer überquert.

 teilen diesen Spleen

Ich bereite Dinge, die ich jemandem erzählen möchte, vorab in Gedanken vor, d.h., ich spreche den gesamten Monolog innerlich durch, bevor ich ihn wirklich vortrage. Nicht nur bei wichtigen Sachen, sondern auch bei ganz banalen Kleinigkeiten. Das führt dazu, dass ich oft nicht weiß, was ich schon erzählt habe und was nicht.

 teilen diesen Spleen

Immer wenn ich über eine Straße laufe, wette ich mit mir selbst, mit welchem Fuß ich wohl über die nächste Nahtstelle im Teer laufen werde.

{ 5 } teilen diesen Spleen

Wenn ich zu Hause vor dem Spiegel stehe, muss ich immer Gespräche führen, als wäre ich Geschäftsleiter einer großen Firma und möchte den Leuten klarmachen, dass wir die Besten sind und dass es nichts Vergleichbares gibt. Gelegentlich mach ich das auch beim Toilettengang.

{ 47 } teilen diesen Spleen

Immer wenn mir jemand etwas Beleidigendes sagt, dann wiederhole ich den Satz so lange in meinem Kopf, bis ich richtig verletzt bin, obwohl das meistens gar nicht so schlimm war.

{ 16 } teilen diesen Spleen

Ich stelle mir sehr oft vor, ich sei Experte in einer Talkshow und man befragt mich zu irgendeinem Thema. Ich halte dann minutenlange eloquente Monologe, bis ich merke, wie bescheuert das Ganze ist.

{ 38 } teilen diesen Spleen

Ich habe mal gehört, dass Menschen sich unbewusst Hunde aussuchen, die ihnen ähnlich sehen. Deshalb gucke ich mir immer Hund UND Besitzer an und vergleiche sie. Meistens sehen sie sich wirklich ähnlich.

15 teilen diesen Spleen

Immer wenn ich an einer roten Ampel warte und andere Leute rübergehen, komme ich mir überlegen vor und wünsche mir, dass sie von einem Müllwagen überfahren werden.

41 teilen diesen Spleen

Wenn ich im Kino bin und einen Film schaue, dann stelle ich mir oft vor, wie es am Set aussieht. Ich werde auch oft von Kamerafahrten oder Cuts abgelenkt. Dann kann ich mich nicht mehr richtig auf den Film konzentrieren.

54 teilen diesen Spleen

Ich spreche gerne mit spanischem Akzent und hänge überall nur O an. Hola, alles gutos? Si, Si! Geht auch mit Griechisch.

3 teilen diesen Spleen

Manchmal überlege ich mir, was dieser eine Mensch, den ich hoffentlich irgendwann finden und lieben werde, wohl gerade macht.

37 teilen diesen Spleen

Manchmal fallen mir schlimme Szenarien ein, die mir oder meiner Familie passieren könnten (zum Beispiel ganz schlimme Unfälle). Dann stelle ich mir alles extra detailliert vor, weil ich denke, dass es ja jetzt erst recht total unwahrscheinlich ist, dass es genau so eintritt, wie ich es mir vorgestellt habe. Bekloppt. Mach ich trotzdem.

{ 81 } teilen diesen Spleen

Wenn im Zug der Kontrolleur kommt und »Die Fahrkarten bitte!« sagt, dann gehe ich in Gedanken ein Szenario durch, bei dem irgendwas mit meiner Karte nicht stimmt. Ich stelle mir vor, wie ich stinksauer werde, weil der Kontrolleur uneinsichtig ist. Letztendlich eskaliert die Situation komplett – in Gedanken. In Wirklichkeit passiert natürlich gar nichts, und alles ist in Ordnung.

{ 209 } teilen diesen Spleen

Fast immer, wenn ich eine gute Idee habe, etwa für einen Film, ein Computerspiel, einen Werbespot oder einen guten Spruch, sehe ich einige Zeit später genau diese Idee in ähnlicher Form in den Medien oder höre davon und bekomme Angst, dass mich jemand abhört oder meine Gedanken liest.

{ 77 } teilen diesen Spleen

Wenn ich mit einem Getränk vor dem Fernseher sitze und es zu weit weg steht, tu ich so, als könnte ich das Glas mit meiner Gedankenkraft hochheben. Also wenn ich fest daran glaube, kommt es auch zu mir. Bin aber immer wieder aufs Neue heftig verzweifelt, wenn es nicht kommt.

{182} teilen diesen Spleen

Wenn ich für jemanden schwärme, bei dem ich aber nicht den Hauch einer Chance habe, verbringe ich viel Zeit damit, mir ein Leben an seiner Seite bis ins Detail vorzustellen. Dazu gehören auch Alltagsdinge, Konversationen und Sex. Nach durchschnittlich drei Wochen habe ich mir dann so viele Dinge vorgestellt, dass ich meine, diese Person schon in- und auswendig zu kennen, und bin dann schon so genervt, dass ich gar keinen Bock mehr auf sie habe.

{48} teilen diesen Spleen

Wenn ich Musik höre, stelle ich mir vor, den Song mit meiner Band vor einem begeisterten Publikum live zu spielen. Dabei habe ich gar keine Band und spiele auch kein Instrument.

{23} teilen diesen Spleen

Regeln

Anders als beim Reflex sind wir beim Formulieren einer Regel aktiv. Stichwort: eiserne Prinzipien. Dabei geht es nicht um mehrheitsfähige Grundsätze wie das Bekenntnis zum Pazifismus. Heilig sind Menschen auch Gebote wie »Du sollst im Haus eine Jogginghose tragen, alles andere ist ein Verbrechen an der Gemütlichkeit«. Als der Romantiker Johann Jakob Wilhelm Heinse das Sprichwort »Des Menschen Wille ist sein Himmelreich« prägte, ging dem Gedanken möglicherweise ein entschlossenes »Tür zu!« voraus. Der Psychologe weiß, dass durch die Pflege von Regeln eine Ordnung suggeriert wird, an der manchmal das gesamte emotionale Gleichgewicht hängen kann. Stehen Sie daher zu Ihrer Lieblingstasse im Büro. Sie könnte unter Umständen die Basis von allem sein.

TÜR ZU! Meine Schlafzimmertür muss IMMER geschlossen sein, wenn ich im Bett liege. Immer, immer, immer. Ich werde wahnsinnig, wenn ich im Bett liege und meine Frau die Tür offen stehen lässt, wenn sie das Zimmer verlässt.

 teilen diesen Spleen

Ich kann nie denselben Weg zurückgehen. Am liebsten gehe ich im Kreis. Wenn es nicht anders geht, versuche ich, so wenig wie möglich Überschneidungen zu haben, und wenn es nur die andere Straßenseite ist.

 teilen diesen Spleen

Immer wenn ich bei der Arbeit etwas geschafft habe, gehe ich aufs Klo und belohne mich mit Selbstbefriedigung. Wenn ich das einfach so mache, habe ich ein schlechtes Gewissen, weil ich die »Belohnung« ja eigentlich nicht verdient habe.

 teilen diesen Spleen

Bin ich zu Fuß und alleine unterwegs, kann ich nicht langsam gehen. Selbst wenn ich es nicht eilig habe, sprinte ich, zum Beispiel auf dem Weg zum Supermarkt. Meistens merke ich das erst, wenn ich angekommen bin oder irgendwo stehen bleiben muss. Dann stelle ich mir vor, was die anderen Leute wohl denken, und tue so, als hätte ich es tatsächlich furchtbar eilig.

26 teilen diesen Spleen

Wenn in der Öffentlichkeit Leute hinter mir gehen, deren Abstand zu mir sich nicht verändert, bleibe ich stehen und lasse sie vorbei. Ich mag es nicht, wenn ständig jemand dicht hinter mir ist.

14 teilen diesen Spleen

Ich gebe Gegenständen in meinem Umfeld Namen. Mein Kühlschrank heißt zum Beispiel »Hannelore« , mein Auto heißt »Jimmy«.

71 teilen diesen Spleen

Wenn ich etwas suche, aber nicht finde, verwandle ich mich in einen Roboter und scanne den Raum systematisch in Linien ab.

40 teilen diesen Spleen

Auf einem Boden, der aus großen Fliesen besteht, versuche ich oft, mich nur wie ein Springer (Pferd) beim Schach fortzubewegen. (Ich bin eigentlich kein großer Schach-Fan.)

51 teilen diesen Spleen

Wenn ich mit jemandem unterwegs bin, muss ich immer links von der Person gehen. Wenn ich doch mal rechts lande, weil der andere nicht daran denkt, bin ich extrem gestresst und gehe entweder hinter der Person oder umkreise sie, bis ich wieder auf der richtigen Seite stehe.

{339} teilen diesen Spleen

Ich trinke Kaffee nur, wenn ich gleichzeitig eine Zigarette rauche. Jeden Morgen ist noch ein Schluck Kaffee übrig, den ich in den Ausguss schütte. Weniger Kaffee gieße ich mir deshalb aber nie ein.

{10} teilen diesen Spleen

Wenn ich auf gepflasterten Wegen oder Straßen mit großen Steinen gehe, muss ich immer auf die Steinfläche treten. Ich mag es absolut nicht, auf den Fugen zu laufen.

{837} teilen diesen Spleen

Immer wenn ich nach Hause komme, muss ich alles von mir werfen. Ich verteile mich in der ganzen Wohnung: den Schlüssel im Bad, das Handy im Wohnzimmer, die Jacke im Flur und die Mütze in der Küche. Ich kann nicht anders.

{33} teilen diesen Spleen

Bevor ich schlafen gehe, hole ich mir jeden Tag einen runter, auch wenn ich woanders schlafe. Da muss ich dann teilweise aufs Klo gehen oder abwarten, bis alle anderen schlafen. Ansonsten liege ich stundenlang wach!

{ 37 } teilen diesen Spleen

Ich muss die Einkäufe schneller eingepackt haben, als der Kassierer sie über die Kasse gezogen hat. Ich kann mir nicht die Blöße geben und noch einpacken, während der Kassierer auf das Geld wartet.

{ 1530 } teilen diesen Spleen

Ich unterschreibe auf den Geräten von Paketboten immer mit »Ficken«.

{ 17 } teilen diesen Spleen

Ich halte das Telefon beim Telefonieren nur am linken Ohr, weil ich denke, dass ich die Person am anderen Ende der Leitung auf dem rechten Ohr nicht richtig verstehe.

{ 121 } teilen diesen Spleen

Wenn ich abends auch nur eine Mücke im Zimmer höre, MUSS die definitiv tot sein, bevor ich schlafen kann, auch wenn ich noch so müde oder schon halb eingeschlafen bin. Im Sommer kontrolliere ich das Schlafzimmer vor

dem Einschlafen, um Störungen möglichst von vornher-
ein auszuschließen. Lieber fünfzehn Minuten eine Mücke
jagen als drei Tage an einem Mückenstich kratzen.

{1224} teilen diesen Spleen

Wenn ich eine nette SMS bekomme, muss ich diese mindestens acht Mal lesen.

{88} teilen diesen Spleen

Wenn ich etwas kaufe, zum Beispiel Obst, was ich dann
nicht essen mag, kann ich es nicht gleich wegwerfen. Ich
muss warten, bis es verdorben ist.

{64} teilen diesen Spleen

Wenn mir jemand eine Himmelsrichtung nennt, muss ich
mir den Spruch »Nie Ohne Seife Waschen« vorsagen, um
zu wissen, wo die besagte Himmelsrichtung ist.

{91} teilen diesen Spleen

Erste Regel wenn ich nach Hause komme: Hände waschen,
danach Jogginghose anziehen. Ich verstehe Leute nicht,
die zu Hause freiwillig ihre Jeans tragen.

{261} teilen diesen Spleen

Sobald ich die Wirkung von Alkohol spüre und vor einem Spiegel stehe, müssen mindestens ein oder zwei Grimassen gezogen werden. Dem folgt ein todernster Gesichtsausdruck. Das Ganze darf natürlich niemand mitbekommen.

{ 54 } teilen diesen Spleen

Wenn ich als Fußgänger eine Ampel überquere, will ich unbedingt als Erster die Straße betreten, nachdem die Ampel umschaltet. Ich vermeide jedes Blinzeln und starre mit aufgerissenen Augen auf das Ampelmännchen, damit ich keine Reaktionszeit verliere und mir einen Zeitvorsprung erarbeite. Leute, die bei Rot die Straße betreten, verachte ich als Frühstarter.

{ 42 } teilen diesen Spleen

Ich spreche nie auf Anrufbeantworter oder Mailboxen. Immer wenn ich irgendwo anrufe und es geht ein Anrufbeantworter ran, lege ich sofort wieder auf – egal, wie wichtig es ist. Wenn es wirklich wichtig ist, dann rufe ich so lange an, bis ich mit jemandem spreche, oder schreibe irgendwann eine Mail.

{ 71 } teilen diesen Spleen

Wenn ich auf einem gepflasterten Weg gehe, versuche ich immer, das Muster des Pflasters nachzugehen, ohne jedoch von meiner eigentlichen Laufrichtung abzuweichen.

{ 62 } teilen diesen Spleen

Wenn ich eine Straße entlanggehe, schaue ich immer auf den Boden, damit ich ja nicht auf irgendwelche Linien trete. Ich muss immer darübersteigen. Bin ich einmal unaufmerksam und trete doch auf eine Linie, fühlt sich das ganz falsch und komisch an.

{111} teilen diesen Spleen

Wenn ich etwas toaste, muss ich immer in den Toaster starren, weil ich mir einbilde, dass es dann schneller geht.

{113} teilen diesen Spleen

Ich lasse meinen Wecker grundsätzlich mitten in der Nacht klingeln. Dann wache ich auf, ärgere mich, weil ich noch müde bin, realisiere, dass ich noch drei Stunden schlafen kann, und freue mich unglaublich, dass ich noch nicht aufstehen muss. Dann stelle ich den Wecker auf die eigentliche Aufstehzeit und schlafe weiter.

{26} teilen diesen Spleen

Sobald ich nach Hause komme, ziehe ich mich bis auf die Unterhose aus, um runterzukommen.

{23} teilen diesen Spleen

Ich muss immer mindestens zehn Minuten vor einem ausgemachten Zeitpunkt schon am Treffpunkt sein. Ich muss zwar immer warten, aber später kommen geht einfach nicht.

✦ 57 ✦ teilen diesen Spleen

Ich kann mir keine Bücher ausleihen. Ich muss sie besitzen, selbst wenn das Buch schlecht war und dann nur im Regal steht, ohne dass ich es jemals wieder anschaue.

✦ 49 ✦ teilen diesen Spleen

Bevor ich ein Buch kaufe, muss ich zuerst die letzte Seite lesen und dann erst bei Seite eins anfangen.

✦ 44 ✦ teilen diesen Spleen

Bevor ich zu einem wichtigen Termin muss, ziehe ich immer noch ein paar schlimme Grimassen vor dem Spiegel oder mache mir eine völlig blöde Frisur, tanze albern (à la Rumpelstilzchen) herum und singe oder brabble irgendwelchen sinnlosen Mist vor mich hin. Ich habe immer den Eindruck, dass das meine Anspannung mindert.

✦ 131 ✦ teilen diesen Spleen

Wenn jemand hustet, aber er das Kratzen im Hals nicht rausbekommt, muss ich es bei mir durch Husten rausbekommen. Obwohl ich eigentlich nicht husten muss. Das mache ich so lange, bis ich merke, dass die andere Person kein Halskratzen mehr hat.

38 teilen diesen Spleen

Ich muss jeden Morgen zu meinem Mann sagen, dass ich ihn liebe, er viel Spaß auf der Arbeit haben soll, sich melden und vorsichtig fahren soll – wenn ich eins davon vergesse, fühle ich mich schlecht und mache mir Sorgen, dass etwas Schlimmes passiert.

30 teilen diesen Spleen

Jedes Mal wenn ich allein in der Wohnung bin, lasse ich den Fernseher laufen, selbst wenn ich mich für mehrere Stunden in einem anderen Raum aufhalte und die Tür dort auch meistens geschlossen ist. Dadurch fühle ich mich nicht so allein.

295 teilen diesen Spleen

Jedes Mal wenn ich Urlaub habe, stelle ich mir am ersten Urlaubstag den Wecker auf die Zeit, zu der ich normalerweise aufstehen müsste, nur um mich freuen zu können, dass ich weiterschlafen kann. Ab dem zweiten Tag ist mir das wieder egal.

60 teilen diesen Spleen

Zeitschriften in Wartezimmern blättere ich grundsätzlich von rechts nach links durch.

20 teilen diesen Spleen

Ich setze mir immer »Deadlines«, um zum Beispiel mit Lernen anzufangen, sagen wir mal 15.15 Uhr. Sobald ich diese Deadline aber verpasse, sei es nur 15.16 Uhr, muss ich eine Stunde warten, bis die Minutenzahl wiederkommt (16.15 Uhr).

19 teilen diesen Spleen

Bevor ich Papier wegwerfe, muss ich es prinzipiell noch mindestens einmal zerreißen.

8 teilen diesen Spleen

Zeitungen lese ich grundsätzlich von hinten nach vorne.

298 teilen diesen Spleen

Ich kann nicht einfach nur eine Sache kaufen – wenn ich zum Beispiel nur ein Stück Butter brauche, kaufe ich trotzdem noch O-Saft, eine Flasche Wein, Pesto und ein leckeres Stück Käse … wo ich doch schon mal hier bin.

92 teilen diesen Spleen

Wenn mir ein Wort auf der Zunge liegt, aber partout nicht

einfallen will, bin ich manchmal wie ein Computer, der sich aufgehängt hat. Ich MUSS das Wort einfach finden, sonst bin ich den Rest des Tages genervt. Das hat dann zur Folge, dass ich auf fast nichts mehr reagiere, bis ich das Wort ENDLICH gefunden habe.

85 teilen diesen Spleen

Ungefähr einmal in der Woche muss ich einfach das Wort »Ennepetal« sagen, danach fühle ich mich irgendwie besser und entspannter.

0 teilt diesen Spleen

Ich muss bei allen langärmeligen Oberteilen die Ärmel immer bis kurz vor den Ellenbogen hochschieben.

47 teilen diesen Spleen

Immer wenn ich mit einer oder mehreren Personen unterwegs bin, muss ich auf der rechten Seite gehen, sonst wimmere und drängle ich so lange, bis ich wieder rechts stehe.

565 teilen diesen Spleen

Ich halte die Tür meines Zimmers grundsätzlich geschlossen, selbst wenn ich alleine zu Hause bin, ansonsten fühle ich mich beobachtet.

61 teilen diesen Spleen

Wenn ich irgendwo vorbeigehe, wo gerade Musik läuft, muss ich mich immer zwingen, NICHT im Takt zu laufen. Wenn zum Beispiel am Zebrastreifen ein Auto hält, aus dem lauter Deppentechno schallt, schaltet mein Körper automatisch auf schwungvollen Federschritt um, was ich dann zwanghaft unterdrücken muss, während ich die Straße überquere. Das Gegen-den-Beat-Laufen fühlt sich leider ziemlich linkisch an.

78 teilen diesen Spleen

Ich muss immer eine Banane zu einer Party mitnehmen, weil mal jemand in meiner Lieblings-Serie gesagt hat: »Always take a banana to a party!«

2 teilen diesen Spleen

Wenn ich aus dem Haus gehe, nehme ich fast immer etwas zu lesen mit (Zeitung, Zeitschrift oder Buch), selbst wenn ich verabredet bin und pünktlich komme oder nur zwei Stationen fahren muss. Es könnte ja sein, dass ich mich trotzdem langweile. Und Langeweile ertrage ich nicht.

89 teilen diesen Spleen

Bevor ich für die Uni lernen kann, muss mein Zimmer komplett aufgeräumt sein!

27 teilen diesen Spleen

Obwohl ich eine Flatrate habe – die Texte meiner SMS müssen immer in eine Nachricht passen, und zwar genau so, dass alle Zeichen verbraucht sind. So kann es passieren, dass ich eine halbe Stunde an meinen Texten feile, denn es geht auch nicht, dass einzelne Wörter abgekürzt werden und andere nicht. Wenn meine SMS zu kurz ist, füge ich noch eine belanglose Info und ein Smiley ein.

{ 8 } teilen diesen Spleen

Ich kann daheim nur Löffel (egal ob Suppen- oder Kaffeelöffel) verwenden, die eine bestimmte Form des Löffelteils aufweisen. Sie müssen eiförmig und spitz zulaufend sein.

{ 61 } teilen diesen Spleen

Wenn ich meine abonnierte Computerzeitschrift erhalten habe, lese ich die letzte Seite zuerst. Dort ist die Vorschau auf das nächste Heft.

{ 198 } teilen diesen Spleen

Wenn ich eine Zeitung oder Zeitschrift lese, muss ich die Erste sein, die die Innenseiten berührt. Ich hasse es, wenn jemand vor mir die Zeitschrift aufgeblättert hat, sie wird dadurch fast wertlos, daher habe ich meine Lieblingsmagazine als Abo. Mein Vater hat dieselbe Macke.

{ 12 } teilen diesen Spleen

Ich versuche, mit meinen Flip-Flops so zu laufen, dass es nicht flopt. Flopt es doch, gehe ich barfuß.

6 teilen diesen Spleen

Ich kann keinen Film schauen, der schon angefangen hat. Wenn ich auch nur zwei Minuten Handlung verpasst habe, ist das für mich unangenehm. Filme, die bereits länger als 15 Minuten laufen, schaue ich erst gar nicht an, auch wenn sonst nichts weiter im Fernsehen läuft.

78 teilen diesen Spleen

Aus Supermarktregalen nehme ich grundsätzlich das dritte Produkt von vorne.

8 teilen diesen Spleen

Ich setze das einzige Stofftier, das ich noch habe, immer so hin, dass es in meinen Augen bequem sitzt. Ich wechsle auch immer mal die Position, damit es nicht immer in der gleichen Position sein muss.

8 teilen diesen Spleen

Wenn ich Weihnachten oder Ostern Schokokugeln esse, muss das Alupapier ganz vorsichtig abgewickelt und mit dem Fingernagel wieder glatt gestrichen werden.

18 teilen diesen Spleen

Ich habe zu Hause an meinem Esstisch einen Stamm-
platz, auf dem ich IMMER sitze. Wenn sich ein Gast auf
meinen Platz setzt, bitte ich darum, den Platz zu tau-
schen. Allgemein macht es mich nervös, wenn Gruppen
von Menschen, die sich regelmäßig treffen, keine feste
Sitzordnung haben.

{524} teilen diesen Spleen

Ich kann bei Büchern nicht mitten im Kapitel aufhören.
Bevor ich mit dem Lesen fertig bin, muss das Kapitel be-
endet sein, auch wenn ich es gerade erst angefangen habe.
Alles andere fühlt sich falsch an.

{223} teilen diesen Spleen

Wenn ich mit meiner Chefin rede, habe ich immer eine
Hand in der Hosentasche und strecke den Mittelfinger
aus. Dasselbe mache ich, wenn mir Polizisten entgegenkommen.

{17} teilen diesen Spleen

Ich kann mit niemandem im Gleichschritt gehen. Passiert
es doch zufällig mal, muss ich immer einen Hopser machen, um den Gleichschritt zu brechen.

{186} teilen diesen Spleen

Immer wenn ich bei einem der Discounter Mineralwasser kaufe, nehme ich nie einzeln herumliegende Flaschen, auch wenn ich nur ein oder zwei Flaschen kaufen will. Ich reiße immer die komplette Verpackung der Sechserträger auf und entnehme von dort ein oder zwei Flaschen, weil ich immer Bedenken habe, dass aus den lose herumliegenden Flaschen schon mal jemand getrunken haben könnte, auch wenn der Ring am Schraubverschluss unversehrt erscheint.

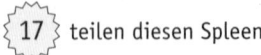 teilen diesen Spleen

Wenn ich an einer stark befahrenen Straße stehe und die Ampel auf Grün schaltet, achte ich darauf, dass möglichst viele Menschen zwischen mir und einem eventuell kommenden Auto laufen, damit ich als Letzter überfahren werde.

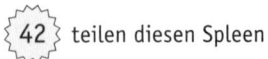 teilen diesen Spleen

Bei einem Gewitter muss ich immer die Sekunden zählen, die zwischen Blitz und Donner vergehen, und zwar beginnend mit 21, 22, 23. Ich habe mal gehört, dass man daran die Entfernung des Gewitters errechnen kann. Aber das interessiert mich gar nicht.

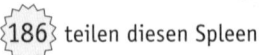 teilen diesen Spleen

Ich schüttel Milchflaschen und -kartons immer vor dem ersten Öffnen. Immer. Keine Ahnung, warum.

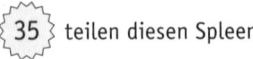 teilen diesen Spleen

Ich bereite mich auf absehbare Situationen vor. Wenn ich zum Beispiel nach Hause fahre, hole ich meinen Schlüsselbund schon im Bus raus und halte den richtigen Schlüssel in der Jackentasche nach vorne gerichtet – obwohl ich von der Bushaltestelle noch 15 Minuten laufe. Ich glaube, dass ich mir durch solche Kleinigkeiten bestimmt fünf Minuten Freizeit am Tag zusammenspare.

{355} teilen diesen Spleen

Immer wenn ich etwas in meiner rechten Hand halte und etwas aus meiner rechten Hosentasche greifen möchte, wechsle ich nicht die Hand, mit der ich den Gegenstand halte, sondern greife mit der linken Hand über Kreuz in die rechte Tasche.

{51} teilen diesen Spleen

Beim Diskutieren muss ich immer eine Gegenmeinung einbringen, selbst wenn ich diese Meinung eigentlich gar nicht vertrete. So kann es passieren, dass ich am selben Tag in der einen Diskussion pro Atomkraft vertrete und in der nächsten Diskussion Kontraargumente bringe.

{13} teilen diesen Spleen

Wenn ich mir eine Zeitschrift aus dem Supermarkt kaufe, muss diese unberührt und frisch sein. Ich nehme dafür meist eine Zeitschrift möglichst weit hinten aus dem Regal. Überflüssige Beilagen wie Werbung müssen noch in der von mir gekauften Zeitschrift enthalten sein, auch wenn ich diese sofort nach dem Kauf entsorge.

433 teilen diesen Spleen

Beim Onanieren zu Pornofilmen versuche ich immer, gleichzeitig mit den Protagonisten zum Höhepunkt zu kommen.

12 teilen diesen Spleen

Wenn mir auf der Straße jemand entgegenläuft, versuche ich zwanghaft, irgendwo anders hinzuschauen. Diese Situationen mag ich überhaupt nicht.

5 teilen diesen Spleen

Auf der Tanzfläche muss ich immer eine Flasche in der Hand haben (auch wenn sie leer ist). Sonst kann ich nicht tanzen!

645 teilen diesen Spleen

Ich habe zwei schon recht abgetragene Unterhosen, die ich aber trotzdem einfach nicht wegschmeißen kann und auch sehr oft anziehe, vor allem bei wichtigen Ereignissen. Vor einigen Jahren habe ich festgestellt, dass ich jedes Mal, wenn ich eine davon anhatte, einen guten Tag hatte. Seither sind das meine »Glücksunterhosen«, obwohl ich eigentlich gar nicht abergläubisch bin.

5 teilen diesen Spleen

Ernährung

Wer als Kind nicht das Innere aus dem Brötchen gepult und zum Klumpen gerollt hat, der hat nicht gelebt. Wir denken nicht oft darüber nach, aber die Nahrungsaufnahme ist nicht nur eine elementare, sondern zutiefst intime Angelegenheit. Der Biss ins Filetstück des Leibgerichts rangiert bei nicht wenigen direkt unter der Erfahrung des Orgasmus. Nicht umsonst gibt es das Sprichwort »Essen ist der Sex des Alters«. Und so schieben wir ausgesuchte Nahrungsmittel nicht einfach auf kürzestem Wege in unseren Organismus, sondern nehmen uns Zeit für die Zelebrierung. Der Mensch entwickelte in seiner Geschichte allein über 300 Wege, einen Doppelkeks zu vertilgen. Und das ist nur einer von unzähligen Silberstreifen am Horizont der Ess- und Trinkgewohnheiten.

Ich muss auf mein Essen pusten. Immer. Auch wenn ich weiß, dass es nicht heiß ist. Ich puste auch auf mein Eis oder meinen Kuchen, bevor ich die Gabel in den Mund nehme. Ich merke es auch gar nicht mehr.

74 teilen diesen Spleen

Ich kann nichts essen, was man noch als Tier erkennen kann, wie zum Beispiel halbe Hähnchen, Scampi, und am schlimmsten sind diese Riesengarnelen, die mit Augen und Füßen und Fühlern auf dem Teller liegen und die man erst mal pulen muss.

60 teilen diesen Spleen

Ohne Löffel kein Kaffee! Wenn ich Kaffee trinke, MUSS ein Löffel in der Tasse stehen. Wenn der Löffel fehlt, schmeckt der Kaffee nicht.

76 teilen diesen Spleen

Wenn ich eine Schale salziger Erdnüsse esse, dann esse ich immer zuerst sämtliche halben, dann die ganzen Nüsse. Warum auch immer.

30 teilen diesen Spleen

Ich kann generell keine kalten Getränke aus Tassen trinken. Tassen sind für Heißgetränke da. Gläser für Kaltes! Und auch wenn die Tassen- bzw. Gläserwände zu dick sind, ist das eklig. Ich mag keine großen Löffel und ekel mich vor Gabeln mit superlangen Zinken. Bei Messern bin ich recht tolerant!

{ 27 } teilen diesen Spleen

Wenn ich etwas esse, lege ich mir davor und währenddessen eine Art Matchplan zurecht. Habe ich beispielsweise einen Schweinebraten und einen Knödel auf dem Teller, muss das bis zum Ende so durchdacht werden, dass schließlich auf der letzten Gabel genau ein Stück Braten und ein Stück vom Knödel ist.

{ 103 } teilen diesen Spleen

Wenn ich eine Pizza geschnitten habe, überlege ich erst einmal gründlich, welches Stück das richtige Anfangsstück ist, und wenn das aufgegessen ist, suche ich vor jedem folgenden Stück nach dem »richtigen«. Im seltensten Fall liegt dieses direkt neben dem gerade gegessenen, es kann kreuz und quer gehen. Wie genau ich mich für das nächste Stück entscheide, kann ich nicht sagen, ich weiß nur, dass Faktoren wie Belagsdichte und -art, Größe und Form des Stücks und Form des Randes eine Rolle spielen.

{ 43 } teilen diesen Spleen

Ich esse mein Essen immer von außen nach innen. Bei Pralinen und Schokoriegeln mit Füllung esse ich zum Beispiel erst den Schokoladenüberzug, dann die Füllung. Einen Burger drehe ich immer im Kreis und beiße von allen Seiten ab, bis alle Seiten gleichmäßig weggegessen sind.

69 teilen diesen Spleen

Ich kaue Salzstangen und so manch anderen Knabber- und Süßkram nicht einfach. Ich sauge im Mund die Luft aus dem Gebäck und lasse danach Spucke die Hohlräume ausfüllen. So wird das Gebäck im Mund weich und matschig. Keine Ahnung, wieso ich das tue, aber es hat den Vorteil, dass man andere nicht mit Knabbergeräuschen belästigt.

48 teilen diesen Spleen

Immer wenn ich mir einen Toast mache, nehme ich die erste und die zweite Scheibe heraus, die erste lege ich anschließend wieder hinein, da ich diese nicht mehr für so frisch halte. Dabei ist es egal, ob die Packung noch ungeöffnet ist oder schon offen war.

127 teilen diesen Spleen

Wenn ich Kartoffelchips esse, mag ich am liebsten die gefalteten. Ich meine, sie schmecken besser und intensiver nach Gewürz.

1103 teilen diesen Spleen

Wenn ich etwas im Backofen habe, muss ich alle zwei Minuten hinlaufen – auch wenn es völlig unmöglich ist, dass es schon fertig ist. Manchmal muss ich mich auch davor auf den Boden setzen und der Pizza zusehen.

{ 62 } teilen diesen Spleen

Egal, was ich mir in der Küche zubereite, ob etwas zu essen oder zu trinken, ich muss immer auf dem Weg ins Wohnzimmer (wo ich es dann verzehren will) schon ein Stück davon essen oder trinken.

{ 23 } teilen diesen Spleen

Wenn ich mir ein Brot schmiere, verfalle ich regelrecht in einen Spachtel-Wahn. Soll heißen, ich verkrafte es nicht, wenn die Butter nicht akkurat glattgestrichen ist. Weil dann auch der folgende Aufstrich nicht gleichmäßig ist. Das verdirbt mir regelrecht den Appetit. Dieser Schmier-Wahn liegt aber wohl in der Familie. Meine Mama muss nämlich immer schmieren, einmal abbeißen, und dann kommt der andere Aufstrich. In der Reihenfolge. Und wirklich jedes Mal!

{ 17 } teilen diesen Spleen

Wenn ich eine Tafel Schokolade oder eine Packung Pralinen oder andere leckere Dinge öffne, dann muss ich sie direkt aufessen und gebe nicht eher auf, bis sie leer sind.

{ 327 } teilen diesen Spleen

Ich esse immer noch manchmal meine Popel.

87 teilen diesen Spleen

Ich muss immer an Speisen und Getränken riechen, bevor ich diese zu mir nehmen kann.

266 teilen diesen Spleen

Wenn es Essen gibt, zu dem eine Sauce gehört, muss es in der Sauce schwimmen! Es gibt nichts Schlimmeres als zu wenig Sauce und dementsprechend zu trockenes Essen. Selbst wenn ich zum ersten Mal in einem Restaurant esse und gar nicht weiß, wie die Portionen und der Saucenanteil aussehen, bestelle ich profilaktisch immer »mit extra Sauce«, damit dieses Horrorszenario bloß nicht eintreten kann.

33 teilen diesen Spleen

Fertig getoastete Toasts müssen direkt nach dem Toasten wie ein Kartenhaus auf dem Teller aufgestellt werden, damit sich kein Wasser bildet.

49 teilen diesen Spleen

Ich kaufe mir regelmäßig Babynahrung und esse diese auch auf. Allerdings mag ich nur Obstgläschen, und auch da nur ganz bestimmte Sorten.

18 teilen diesen Spleen

Wenn ich alleine zu Hause bin, esse ich gerne wie ein Schwein, auch mal nur mit den Händen. Wenn ich aber jemanden in der Öffentlichkeit sehe, der nicht »ordentlich« isst, regt mich das total auf, und ich schüttle angewidert den Kopf.

32 teilen diesen Spleen

Ich kann keine Bonbons lutschen, ich muss sie zerkauen!

70 teilen diesen Spleen

Wenn ich etwas Leckeres gegessen habe, kann es vorkommen, dass ich das Essen direkt im Anschluss wieder hochwürge, wie eine Kuh sozusagen. Dann kaue ich nochmals genüsslich und schlucke es wieder. Das wiederhole ich dann so lange, bis das Essen nicht mehr frisch genug schmeckt, sondern leicht nach Erbrochenem.

8 teilen diesen Spleen

Ich bringe jeden Tag eine Wasserflasche mit zur Arbeit, trinke diese aber nicht immer aus. Nach einem Wochenende trinke ich das Wasser nicht mehr, weil es »alt« ist. Das führt dazu, dass ich zwei bis drei Flaschen habe, die angebrochen sind, und ich verliere den Überblick, welche wie alt ist. Im Laufe der Zeit bekomme ich dann eine schöne Sammlung abgestandenes Wasser.

67 teilen diesen Spleen

Beim Essen lasse ich grundsätzlich immer etwas übrig. Auch wenn es mir schmeckt, muss immer etwas liegen bleiben.

{ 12 } teilen diesen Spleen

Ich muss vor dem Essen von Orangen oder Mandarinen immer die komplette Haut schälen und jedes Fädchen abkratzen – wenn andere das nicht machen, werde ich richtig nervös.

{ 60 } teilen diesen Spleen

Ich kaufe immer Bananen, und dann esse ich sie nicht.

{ 68 } teilen diesen Spleen

Immer wenn ich Wasser aufkochen will und noch Wasser im Wasserkocher ist, muss ich dieses wegschütten, weil es mir so vorkommt, als ob das Wasser alt, gammlig und abgestanden ist. Deswegen muss immer komplett neues Wasser gekocht werden.

{ 102 } teilen diesen Spleen

Wenn ich Pringles esse, muss ich immer erst die Würzmischung runterlecken, bevor ich den restlichen Chip verzehren kann!

{ 101 } teilen diesen Spleen

Salzstangen versuche ich, LÄNGS zur Hälfte abzuknabbern. Wenn sie zwischendurch brechen, spornt mich das an, weiter zu trainieren.

{ 50 } teilen diesen Spleen

Ich esse Kuchen und vor allem Torten immer schichtweise. Die offensichtlich beste Schicht esse ich zum Schluss.

{ 150 } teilen diesen Spleen

Immer wenn ich ein Eis mit beispielsweise Schokosoße esse, versuche ich, die Soße gleichmäßig auf dem Eis zu verteilen. Sollte ich die Schokosoße schon von dem Eis aufgegessen haben, kann ich den Rest des Eises nicht mehr richtig genießen.

{ 14 } teilen diesen Spleen

Wenn ich After Eight esse, lasse ich die Verpackungen der einzelnen Täfelchen immer in der großen Verpackung und nehme nur die Schokolade raus. So bleibt alles zusammen, und nichts muss alleine im Müll liegen.

{ 15 } teilen diesen Spleen

Jedes neue Glas Nutella muss nach dem Beseitigen der Silberfolie mit dem Messer angestochen und der wohlig nussige Duft mindestens eine Minute inhaliert werden.

{ 117 } teilen diesen Spleen

Ich kann Milch nicht aus einem Glas trinken, nur aus einer Tasse. Milch aus einem Glas erzeugt einen Würgereiz bei mir.

14 teilen diesen Spleen

Immer wenn ich vor dem Fernseher esse und es kommt eine Stelle, bei der nur geredet wird, muss ich aufhören zu kauen, damit ich mich konzentrieren kann. Auch wenn die Lautstärke eigentlich ausreichend ist, so dass ich es auch bei Kaugeräuschen hören könnte.

34 teilen diesen Spleen

Ich lass, wenn ich mir am Wasserhahn Wasser in ein Glas fülle, das Wasser vorher immer erst ein paar Sekunden laufen, damit nicht das alte abgestandene Wasser in meinem Glas landet. Außerdem ist es dann auf jeden Fall kalt.

114 teilen diesen Spleen

Immer wenn im Fernsehen zur Primetime etwas läuft, das ich sehr gut finde, brauche ich etwas zu essen. Selbst wenn ich keinen Hunger habe. Ich brauch einfach was zu futtern, um den Abend zu genießen!

217 teilen diesen Spleen

Wenn ich einen Schluck Kaffee aus einer Tasse trinke, sie dann abstelle und sehe, dass ein Tropfen Kaffee außen an der Tasse runterläuft, muss ich ihn sofort ablecken, bevor er runtertropft.

{147} teilen diesen Spleen

In die Marmelade dürfen NUR frische Löffel! Ich kann es auch nicht sehen, wenn wer anderes das nicht macht. Bei allen anderen Brotaufstrichen ist es mir allerdings piep-egal.

{36} teilen diesen Spleen

Wenn ich Kaffee aus einem Kaffeebecher trinke, muss immer der Löffel in der Tasse bleiben. Beim Trinken klemme ich den dann zwischen Zeige- und Mittelfinger ein.

{16} teilen diesen Spleen

In meiner Margarine muss immer Ordnung sein: glatt und gerade abstreichen, keine Löcher, keine Reste am Rand. Sonst werde ich wahnsinnig und »räume auf«.

{50} teilen diesen Spleen

Bevor ich ein Brötchen esse, muss ich es zerdrücken.

{167} teilen diesen Spleen

Immer wenn ich aus Dosen trinke, muss ich nach jedem Schluck den kleinen Rest, der sich bei der Dose in dieser Rille gesammelt hat, wegschlürfen.

{ 7 } teilen diesen Spleen

Ich versuche immer, die beiden Keksteile eines Prinzenrollen-Kekses von der Schokolade zu trennen, nur um jedes Mal aufs Neue daran zu scheitern.

{423} teilen diesen Spleen

Wenn ich eine Getränkeflasche mit Kohlensäure öffne, muss ich einmal kurz hineinpusten, bevor ich daraus trinken kann.

{ 55 } teilen diesen Spleen

Lakritzschnecken werden bei mir grundsätzlich entrollt und wieder in ihre beiden Stränge separiert, ehe es ans Naschen geht. Wenn der eine Strang reißt, ist er damit automatisch der »Schlechtere« und wird zuerst gegessen. Manchmal esse ich unabhängig von meinem Appetit so viele Schnecken, bis es mir gelungen ist, sie unfallfrei zu entzweien.

{122} teilen diesen Spleen

Wenn ich esse, sortiere ich das Essen auf meinem Teller immer danach, wie lecker es ist, und esse das Leckerste zum Schluss, zum Beispiel Schnitzel mit Kartoffeln und Erbsen, da esse ich zuerst die Erbsen, dann die Kartoffeln und dann das Fleisch.

{119} teilen diesen Spleen

Wenn ich einen Burger esse, muss ich ihn zuerst umdrehen. Es wäre unlogisch, ihn zu essen, wenn das dünnere Brötchen unten ist und das ganze Gewicht halten müsste.

{63} teilen diesen Spleen

Esse ich ein belegtes Brötchen, esse ich zuerst den Rand und arbeite mich dann zur Mitte vor, weil das mittlere Stück meiner Meinung nach immer am besten schmeckt.

{185} teilen diesen Spleen

Ich muss bei Schokokeksen immer zuerst die überstehende Schokolade abbeißen, bevor ich den Rest vom Keks aufessen kann.

{676} teilen diesen Spleen

Ich lass in Tassen und Flaschen immer ein wenig drin und trinke nie alles aus.

{398} teilen diesen Spleen

Wenn ich Radieschen esse, muss ich die rote Haut mit den Zähnen abziehen und kann dann erst den weißen Kern essen. Dasselbe gilt für Karotten: hier erst den äußeren Teil und dann den Stamm in der Mitte.

 9 teilen diesen Spleen

Ich öffne am Tag gefühlte 1000 Mal den Kühlschrank. Nur in den seltensten Fällen hole ich auch etwas raus. Obwohl ich ja nach dem ersten Öffnen weiß, dass nichts drin ist, muss ich ihn trotzdem immer wieder öffnen.

 298 teilen diesen Spleen

Immer wenn ich ein Stück Essensrest zwischen meinen Zähnen habe, muss ich es mit der Zunge rausholen, und anschließend zerkaue ich es mit den Schneidezähnen zu Brei.

 29 teilen diesen Spleen

Seit meiner Kindheit muss ich, wenn ich mir ein Butterbrot schmiere, die Butter immer bis zum äußersten Rand schmieren. Das Butterbrot schmeckt nicht, wenn auch nur ein Randstück ohne Butter ist.

 346 teilen diesen Spleen

Cornflakes schmecken mir nur richtig gut mit kalter Milch aus dem Kühlschrank! Habe ich mal vergessen, eine neue Milch reinzustellen, bin ich unendlich enttäuscht und mampfe sie nur noch, um den Hunger zu stillen.

{43} teilen diesen Spleen

Ich kann Rocher und Raffaello nie in einem Stück essen. Ich muss immer die Hülle abknabbern, dann die Waffel aufdrehen, die Nuss rausholen und dann die Creme rauslecken. Sonst schmeckt es mir nicht.

{29} teilen diesen Spleen

Wenn ich Studentenfutter esse, ist die Kombination von immer einer Nuss und einer Rosine Pflicht. Ich kann die Nüsse einfach nicht ohne eine begleitende Rosine essen. Oft bleiben Nüsse übrig, weil das Verhältnis nicht korrekt war.

{433} teilen diesen Spleen

Wenn ich mir etwas aus einem neuen Glas Nutella oder Erdnussbutter herausnehme, achte ich darauf, dass so lange wie möglich noch ein glattes Stückchen Oberfläche übrig bleibt. Ich kann es kaum ertragen, wenn Leute mit dem Messer einfach achtlos in der Oberfläche herumwühlen.

{121} teilen diesen Spleen

Ich finde Wurstzipfel total eklig und schneide sie immer ab. Wenn solche Würstchen dann noch gewisse Ausbuchtungen haben, schneide ich die großzügig ab oder esse die ganze Wurst gar nicht.

397 teilen diesen Spleen

Wenn ich zwei Brötchenhälften einzeln essen will, esse ich immer zuerst die untere Hälfte und danach die obere. Die obere schmeckt mir einfach besser, so kann ich mich am Ende auf sie freuen.

65 teilen diesen Spleen

Wenn ich mir Brote schmiere, sortiere ich sie danach, wie mir die Beläge am besten schmecken, und esse die Brote dann nach aufsteigender Wertigkeit. Ich könnte es nicht ertragen, ein göttliches Fleischsalatbrot vor einem langweiligen Schinkenwurstbrot zu essen.

25 teilen diesen Spleen

Wenn ich einen Toast esse, dann esse ich immer zuerst alle vier Ecken, dann die Zacken des entstandenen Kreuzes und zuletzt die Mitte.

7 teilen diesen Spleen

Ich versuche immer zu Beginn eines warmen Essens, wenn der Teller vor mir steht, einen »perfekten Bissen« zu essen, also eine Gabel, auf der jede Komponente des Gerichts (Fleisch, Kartoffel, Soße und Gemüse) gleichermaßen vertreten ist.

65 teilen diesen Spleen

Wenn ich Süßigkeiten esse, sage ich mir jedes Mal nach der halben Packung: So, diesmal bist du vernünftig und isst nicht alles auf einmal. Dann lege ich den Rest ins Regal, einigermaßen gut versteckt. Um mich dann, nach circa fünf Minuten, zur Packung hinzuschleichen, um den kompletten Rest zu vernichten.

99 teilen diesen Spleen

Seit ich denken kann, gab es in meiner Familie spezielle Eierlöffel, mit denen jeden Sonntag beim Familienfrühstück die Frühstückseier gelöffelt wurden. An diese besonderen Eierlöffel habe ich mich so gewöhnt, dass ich zwei davon mitnehmen musste, als ich von zu Hause ausgezogen bin. Mit anderen Löffeln kann ich einfach keine Eier löffeln.

63 teilen diesen Spleen

Ich kann kein Frühstücksei mit dem Messer köpfen, weil ich Angst habe, dass dann ein Stück Eierschale (egal wie klein) in das Ei fallen könnte. Ich hasse es nämlich, wenn ich auf Eierschale beiße.

5 teilen diesen Spleen

Butter und Milch müssen kalt sein. Weiche Butter und zimmerwarme Milch gehen gar nicht.

{ 43 } teilen diesen Spleen

Wenn ein Produkt schon etwas längere Zeit im Kühl-schrank offen ist, es augenscheinlich noch gut ist, ich aber nicht mehr sicher bin, ob es wirklich noch gut ist, esse ich es nicht mehr. Eigentlich könnte ich es dann auch gleich wegschmeißen, da ich es eh nicht mehr esse. Da es aber noch gut sein KÖNNTE, schmeiße ich es so lange nicht weg, bis man eindeutig sieht, dass es nicht mehr gut ist. Ich habe aber kein Problem damit, bereits abgelaufene Sachen zu essen, solange die Verpackung noch zu ist.

{ 22 } teilen diesen Spleen

Kontrolle

Vertrauen ist gut, Kontrolle ist besser. Sagt nicht nur der Volksmund, sondern auch der Typ, der vor dem Verlassen des Hauses sämtliche Stecker zieht, das Ganze mit dem Smartphone filmt, um sich unterwegs stündlich davon zu überzeugen, dass es auch real ist. Willkommen in der bunten Welt der Kontrollzwänge, in der Menschen ihre Computer um die Möglichkeit der Sicherheitskopie beneiden. Zweifelsohne würde das Leben mit der Möglichkeit des Back-ups einen Teil seines Reizes verlieren. Aber erzählen Sie das mal jemandem, der den kompletten Karibikurlaub lang an sein Bügeleisen in Delmenhorst denkt.

Wenn ich über Leute lästre und mein Handy danebenliegt, habe ich immer Angst, dass ich irgendwie aus Versehen auf den Anrufknopf gekommen bin und die entsprechende Person am anderen Ende mitgehört hat. Ich muss nach dem Lästern dann immer meine ausgehenden Anrufe checken.

91 teilen diesen Spleen

Wenn ich Geld abhebe, zähle ich den Betrag immer nach. Es könnte ja sein, dass der Automat mich bescheißt.

250 teilen diesen Spleen

Wenn ich bei jemandem zu Besuch bin, gucke ich immer in den Badschrank und inspiziere den Inhalt. Manchmal lasse ich sogar länger das Wasser laufen, damit man nicht hört, wie ich das tue.

39 teilen diesen Spleen

Wenn ich für länger als 24 Stunden das Haus verlasse, stecke ich alle Geräte bis auf den Kühlschrank aus der Steckdose und klemme das Wasser ab. Dann mache ich eine Videoaufnahme, auf der alle Steckdosen, Lichtschalter, Heizungsregler, Wasserhähne, Regelstände und Rauchmelder zu sehen sind, und tippe diese dabei mit dem Finger an (was ich nicht anfasse, ist nicht real!). Diesen Film schaue ich mir dann mehrmals täglich an, um nicht durchzudrehen.

{ 1 } teilt diesen Spleen

Bin ich bei anderen Leuten zu Hause, mache ich, in einem unbeobachteten Moment, den Staubtest und fahre mit einem Finger über die Möbelstücke. Habe ich dann Staub am Finger, bin ich entrüstet über die Nachlässigkeit. Bei mir zu Hause ist es aber total staubig, und da ist es o. k.

{ 11 } teilen diesen Spleen

Bin ich in einem Raum und bemerke eine Lichtreflektion an der Wand oder Decke, sehe ich mich so lange um, bis ich den Ursprung der Reflektion gefunden habe. Finde ich die Quelle nicht, finde ich das irgendwie gruselig.

{ 15 } teilen diesen Spleen

Wenn ich meine Wohnung verlasse und die Tür zugesperrt habe, dann betätige ich mehrfach die Klinke, um sicherzugehen, dass die Tür auch WIRKLICH zu ist. Sehr oft gehe ich dann ein paar Schritte, nur um nochmals zurückzuflitzen, um abermals an der Tür zu rütteln. Manchmal wiederholt sich das zwei- bis dreimal hintereinander.

{ 118 } teilen diesen Spleen

Ich habe immer Angst, dass es bei mir zu Hause brennt, wenn ich unterwegs bin. Das geht dann so weit, dass ich zu Hause anrufe, weil das funktionierende Telefon für mich der Beweis ist, dass alles in Ordnung ist. Allerdings befürchte ich dann jedes Mal, dass jemand ans Telefon geht, den ich nicht kenne.

 teilen diesen Spleen

Wenn ich einen Schrei höre, muss ich immer sofort auf die Uhr schauen. Wenn ich mal eine Zeugenaussage machen muss, weiß ich ganz genau, wann ich den Schrei gehört habe und was ich zu der Uhrzeit gemacht habe!

 teilen diesen Spleen

Sind Handy, Schlüssel und Portemonnaie da? Ich kann nicht anders, als nach dem Verlassen meiner Wohnung, dem Bus oder dem Büro einmal alle Hosentaschen abzuklopfen.

 teilen diesen Spleen

Ich muss immer mehrere Wecker stellen, wenn ich am nächsten Tag arbeiten muss, alle im Fünf-Minuten-Takt. Aktuell sind es 12 Wecker.

 teilen diesen Spleen

Nach dem Telefonieren muss ich mindestens dreimal auf den Ausknopf drücken. Sonst habe ich das Gefühl, dass ich nicht richtig aufgelegt habe.

{203} teilen diesen Spleen

Wenn ich nach Hause gehe, muss ich den Schlüssel schon mehrere Meter vor der Haustür aus meiner Tasche nehmen und so lange festhalten, bis ich bei der Tür ankomme. Ich habe sonst Angst, ihn nicht rechtzeitig aus der Tasche zu bekommen und suchend vor der Haustür zu stehen.

{2170} teilen diesen Spleen

Wenn ich einen Link verschicke, muss ich immer in der versendeten Nachricht noch mal draufklicken.

{220} teilen diesen Spleen

Ich schaue ständig auf die Uhr und vergesse danach wieder, wie spät es ist.

{245} teilen diesen Spleen

Immer wenn ich einen blauen Fleck habe, muss ich darauf rumdrücken, da ich kontrollieren muss, ob er noch weh tut. Danach bin ich beruhigt, drücke aber im Laufe des Tages immer wieder auf ihm herum.

{77} teilen diesen Spleen

Wenn ich bei anderen Personen zu Besuch bin, schaue ich in die Badschränke und probiere ihr Parfüm.

67 teilen diesen Spleen

Ich klebe das kleine Webcam-Loch am Laptop immer ab, und in Hotels bin ich immer auf der Suche nach verdächtigen Stellen. Wer weiß, ob da vielleicht nicht doch 'ne Kamera hängt. Big Brother is watching you …

164 teilen diesen Spleen

Wenn ich einen Termin habe, oder neue Arbeitszeiten bekomme, muss ich am Abend vorher mehrmals nachschauen und sichergehen, dass ich mir alles richtig gemerkt habe, um nicht zu spät zu kommen. Sonst kann ich oft nicht schlafen.

59 teilen diesen Spleen

Ich muss immer alles ganz fest zudrehen, seien es Marmeladen-, Gewürz- und Nutellagläser oder auch Getränkeflaschen und andere Behältnisse, und überprüfe das auch noch immer ein- bis zweimal. Das geht manchmal so weit, dass ich das Gewinde überdrehe und es überhaupt nicht mehr richtig schließt.

17 teilen diesen Spleen

Ich zähle in Filmen und Serien Zeitangaben mit, da ich

nicht glaube, dass die Zeit richtig eingehalten wird. Zum Beispiel in Actionfilmen: »Noch 30 Sekunden, bis die Bombe explodiert.« Ich freue mich immer, wenn die Zeit dann im Film viel länger dauert als in echt, und denke bei mir: »Ha, total unrealistisch, dass der Held das in echten 30 Sekunden geschafft hätte!«

33 teilen diesen Spleen

Immer wenn ich unterwegs bin, muss ich regelmäßig meine Taschen überprüfen, ob noch alles da ist. Das geht so weit, dass ich regelmäßig meinen Rucksack öffne und nach allen Gegenständen greife, die dort drin sein sollten. Zudem gebe ich mir Mühe, dass nie eine Person hinter mir steht, die könnte mir ja was aus den Taschen klauen.

350 teilen diesen Spleen

Ich kann keine alten Mails löschen. Ich denke immer, ich muss vielleicht irgendwann noch mal was nachschauen oder so. Dabei ist das totaler Quatsch.

170 teilen diesen Spleen

Wenn ich etwas online bestelle, muss ich meine eingegebene Adresse und die Bankdaten mindestens fünf Mal genau überprüfen und Ziffer für Ziffer durchgehen. Könnte ja an jemand anderen geliefert werden.

91 teilen diesen Spleen

Ich gehe nie ohne Taschentücher aus dem Haus. Wenn ich unterwegs keine habe, muss ich mir erst welche kaufen.

{134} teilen diesen Spleen

Ich muss meinen Haustürschlüssel immer in die Hand nehmen, bevor ich meine Wohnung verlasse. Ich habe dermaßen Angst, mich auszusperren, dass ich sogar meinen Fuß in die Tür stelle und nach dem Schlüssel suche, egal, wie tief er vergraben ist, bis ich sie endlich schließen kann.

{590} teilen diesen Spleen

Ich muss immer, bevor ich aus dem Haus gehe, genau eine Stunde vorher anfangen, mich fertigzumachen. Egal, ob ich einen Termin habe oder nur zum Supermarkt gehe. Genau eine Viertelstunde vorher habe ich schon meine Jacke an, sitze am Küchentisch und warte die restlichen fünfzehn Minuten.

{43} teilen diesen Spleen

Wann immer ich durch die Haustür gehe, muss ich in den Briefkasten schauen. Es ist völlig egal, ob ich rein- oder rausgehe oder ob ich gerade vor zwei Minuten erst nachgeschaut habe.

{744} teilen diesen Spleen

Ich schreibe derzeit meine Doktorarbeit und drücke nach jeder noch so minimalen Änderung (einen Buchstaben löschen, einen Absatz einfügen) im Dokument Strg+S. Das passiert mittlerweile so automatisch und unbewusst, dass ich es manchmal mehrmals mache, um sicherzugehen, dass ich es wirklich gemacht habe. Das geht sogar so weit, dass ich mir das Dokument in längeren Pausen zu Sicherungszwecken per Mail schicke, damit es auf mindestens einem anderen Server gesichert ist, falls in der Pause mein Rechner abschmieren sollte.

44 teilen diesen Spleen

Egal, wo ich bin, ich setze mich immer so hin, dass ich die Tür im Blick habe. Wenn kein Sitzplatz frei sein sollte, bleibe ich stehen.

81 teilen diesen Spleen

Immer wenn mir der Geruch von Schweiß in der Nase liegt, kontrolliere ich unauffällig, ob der Geruch von mir ausgeht.

174 teilen diesen Spleen

Bevor ich einen Briefumschlag endgültig zuklebe, muss ich bestimmt noch fünf bis zehn Mal nachgucken, ob auch alles drin ist oder ob noch etwas Wichtiges fehlt. Manchmal nehme ich den kompletten Inhalt wieder heraus, um alle Angaben abermals zu überprüfen.

Dabei kontrolliere ich alles schon beim ersten Mal sehr genau.

99 teilen diesen Spleen

Wenn ich alleine in einem Aufzug bin und es einen Knopf gibt, um die Türen direkt zu schließen, drücke ich diesen, um nicht Gefahr zu laufen, dass eine weitere Person einsteigt.

46 teilen diesen Spleen

Wenn mich jemand mit einer mir unbekannten Nummer anruft, dann gehe ich nie ran. Nachdem derjenige aufgelegt hat, speichere ich die Nummer unter irgendeiner Buchstabenfolge und gucke in WhatsApp, ob ich die Person kenne.

199 teilen diesen Spleen

Kurz bevor ich beim Einkaufen an die Kasse gehe, um zu bezahlen, muss ich noch mal nachsehen, ob ich auch Geld dabeihabe, auch wenn ich das zuvor schon geprüft habe, weil ich im Boden versinken wollen würde, wenn es mal nicht der Fall wäre.

79 teilen diesen Spleen

Die Wohnungstür muss abends immer, sobald es dunkel wird und wir in der Wohnung sind, von innen abgeschlossen werden, zwei Mal, ein Mal reicht nicht.

67 teilen diesen Spleen

Ich lege immer Sachen an ganz besondere Orte, um sie wiederzufinden, mit dem Resultat, dass sie verschollen sind und ich sie an den unmöglichsten Orten wiederfinde.

101 teilen diesen Spleen

In regelmäßigen Abständen muss ich immer mit Zeige- und Mittelfinger hinter meinem Ohr reiben, um zu riechen, ob ich da noch immer wie ein müffelnder Hund rieche – was ich mal zufällig feststellte. Obwohl es mich ärgert, muss ich das immer wieder überprüfen.

11 teilen diesen Spleen

Bei Schweigeminuten zähle ich still mit.

20 teilen diesen Spleen

Wenn bei uns zu Hause nur noch drei Rollen Klopapier da sind, bekomme ich Schnappatmung und muss sofort los, um neues Klopapier zu kaufen. Am wohlsten fühle ich mich, wenn mindestens 16 Rollen Klopapier da sind.

16 teilen diesen Spleen

Wenn ich einen Raum verlasse, in welchem das Licht ausgeschaltet ist, muss ich das Licht einmal an- und dann wieder ausschalten, damit ich mir sicher bin, dass es auch echt aus ist.

{ 53 } teilen diesen Spleen

Immer wenn ich aus dem Haus gehe, muss mein Handyakku zu 100 % geladen sein.

{ 456 } teilen diesen Spleen

Bevor ich die Wohnung verlasse, muss ich sichergehen, dass die Elektrogeräte ausgeschaltet sind. Beim Herd tippe ich dann an die einzelnen Knöpfe, damit ich mich später daran erinnern kann. Ich versuche, die Geräte möglichst bewusst auszuschalten, zum Beispiel die Handlung bei der Ausführung laut auszusprechen, so dass die Wahrscheinlichkeit hoch ist, dass ich mich daran erinnere.

{ 55 } teilen diesen Spleen

Wenn ich im Discounter bin, muss ich immer an den Kühltruhen vorbeigehen und schauen, ob die Schiebedeckel richtig geschlossen sind.

{ 22 } teilen diesen Spleen

Ich merke mir manchmal Autokennzeichen, weil die Polizei später genau nach diesem Auto suchen könnte.

88 teilen diesen Spleen

Ich rieche immer an getragenen Unterhosen.

32 teilen diesen Spleen

Wenn ich erkältet bin, muss ich nach dem Schnäuzen immer in das Taschentuch schauen, um zu sehen, was ich ausgeschnaubt habe und wie schlimm die Erkältung ist. Manchmal ekelt es mich selbst, aber ich kann es nicht lassen.

599 teilen diesen Spleen

Wenn ich Fotos sehe, zähle ich automatisch, wie viele Finger die Leute an den Händen haben. Manchmal denke ich spontan: »Das sieht aber nach mehr aus.« Nach dem Zählen sind es aber immer nur fünf.

17 teilen diesen Spleen

Ich prüfe nach jedem Telefonat mindestens drei Mal nach, ob ich den Anruf wirklich beendet habe.

298 teilen diesen Spleen

Im Restaurant suche ich immer zuerst nach Rechtschreibfehlern in der Speisekarte, zum Beispiel beim Chinesen oder Italiener. Ich bin auch der festen Überzeugung, dass die Fehler manchmal absichtlich eingebaut werden. Der Authentizität wegen.

5 teilen diesen Spleen

Obwohl ich eine Zentralverriegelung am Auto habe, gehe ich nach dem Verschließen ums Auto und ziehe an jeder Tür und auch an der Kofferraumklappe, um zu überprüfen, ob auch ja alles verriegelt ist.

1009 teilen diesen Spleen

Manchmal habe ich das Gefühl, dass ich beim Lesen eines Abschnittes oder der letzten Zeilen auf einer Seite im Buch nicht alles gründlich gelesen habe. Obwohl ich eigentlich weiß, dass ich den Inhalt korrekt gelesen und verstanden habe, muss ich dann zurückblättern zu der Stelle und noch mal lesen! Erst dann kann ich konzentriert weiterlesen.

64 teilen diesen Spleen

Wenn ein Glas, egal ob gefüllt oder nicht, zu nah an der Tischkante steht, werde ich nervös und muss es ganz schnell auf den Tisch zurückschieben. Es könnte ja runterfallen oder umgekippt werden.

18 teilen diesen Spleen

Ich lese jede meiner Mails vor dem Abschicken noch mal Korrektur, um stilistisch daran herumzufeilen. Leider merke ich immer erst nach dem Abschicken, dass zum Beispiel doch drei Mal »leider« oder »allerdings« drin vorkommen.

12 teilen diesen Spleen

An der Kasse will ich immer so schnell wie möglich den Warentrenner am Ende meiner Einkäufe aufstellen. Wenn es keinen gibt, werde ich leicht nervös.

56 teilen diesen Spleen

Wenn ich im Bus, Zug oder sonst wo aufstehe, fass ich mir immer an meine Hosentaschen, um zu fühlen, ob noch alles da ist und nichts rausgefallen ist.

89 teilen diesen Spleen

Immer wenn ich etwas in den Taschenrechner eingebe, drücke ich zu Beginn mehrfach »C« und »CE«, um sicherzugehen, dass er auch wirklich auf 0 steht. Vertippe ich mich, verfahre ich nach der gleichen Prozedur.

2 teilen diesen Spleen

Sehe ich zwei Linien – zum Beispiel den Fensterrahmen und dahinter eine Häuserfassade –, muss ich diese optisch übereinanderlegen und überprüfen, ob diese parallel sind.

5 teilen diesen Spleen

Ich kontrolliere mehrmals, ob der Herd aus ist, wenn ich aus dem Haus gehe. Aber zusätzlich mache ich beim letzten Kontrollgang ein Handyfoto der Knöpfe, um auch ganz sicher zu sein, dass er aus ist, und um später nochmals auf dem Foto nachsehen zu können.

{ 4 } teilen diesen Spleen

Hygiene

Der Körper ist ein Tempel, entsprechend sollte die Fassade auch in Schuss gehalten werden. Nur verstehen die Menschen ganz unterschiedliche Dinge unter Sauberkeit. Manche fühlen sich in ihrem Körper erst nach zehn Minuten unter dem Sandstrahler wohl, andere vertrauen auf die berühmten Hautbakterien und verteufeln Hygiene als Erfindung der Drogerie-Mafia. Dazwischen gibt es einen bunten Blumenstrauß von Techniken und Vorsorgemaßnahmen für das Gefühl der individuellen Reinheit. Oder der Reinheit eines Dritten: Auf Basis der Datenlage darf als erwiesen betrachtet werden, dass mehr als die Hälfte aller Pickel im deutschsprachigen Raum nicht von den Wirten, sondern von deren Partnern ausgedrückt werden.

Wenn ich vor dem Duschen aufs Klo gehe, wische ich mir nicht den Hintern ab. Spart Klopapier.

 teilen diesen Spleen

Beim Duschen habe ich einen bestimmten Waschvorgang. Für manche Ecken muss ich mich ganz schön verrenken, zum Beispiel am Rücken, aber ich würde es nicht ertragen, wenn diese Ecke nicht jedes Mal Duschgel abbekommt. Was total Quatsch ist, weil es ja nicht schlimm ist, wenn das mal ein paar Tage fehlt. Hinzu kommt jetzt schon der Gedanke, wie ich das machen soll, wenn ich älter und unbeweglicher bin.

 teilen diesen Spleen

Ich kann nicht einschlafen, wenn ich mir nicht kurz vorher noch einmal die Hände gewaschen habe. Obwohl ich tagsüber da eher lässig bin. Selbst Zähneputzen ist mir am Abend nicht so wichtig wie Händewaschen. Als ich ein Kind war, mussten mir meine Eltern manchmal sogar einen nassen Waschlappen ans Bett bringen, wenn ich das Händewaschen vergessen hatte.

 teilen diesen Spleen

Ich dusche nie. Ich hasse das Gefühl, wenn Wasser meinen Nacken berührt. Deshalb wasche ich mir die Haare im Waschbecken und dusche dann meinen Körper.

4 teilen diesen Spleen

Ich benutze nach dem Duschen immer zwei Handtücher, eins für Gesicht und Haare und eins für den Rest meines Körpers. Wenn ich mal nur ein Handtuch zur Verfügung habe, dann benutze ich die Innenseite, also die Seite, zu der die Ränder des Handtuchs umgenäht sind, für Gesicht und Haar und die Außenseite für den Rest.

222 teilen diesen Spleen

Ich falte auf öffentlichen Toiletten das Klopapier immer so, dass die Innenseite des Papiers dann außen ist. Aus Angst, dass die Außenseite schon jemand angefasst hat.

53 teilen diesen Spleen

Wenn meine Zahnbürste etwas anderes als meinen Mund oder meine Hand berührt, muss ich sie wegschmeißen und eine neue nehmen. Dies gilt auch, wenn die Zahnbürste ein Handtuch oder den Wasserhahn berührt. Der Gedanke, dass an die Zahnbürste Bakterien gekommen sind, die beim Putzen dann in meinen Mund kommen, ekelt mich zutiefst.

53 teilen diesen Spleen

Wenn ich mir mit einem Wattestäbchen die Ohren sauber-
mache, muss ich immer als Erstes das Wattestäbchen
kurz in den Mund stecken, um es zu befeuchten. Ansonsten bilde ich mir ein, ich habe all die Ohrenstäbchen-Fus-
sel im Ohr.

47 teilen diesen Spleen

Immer wenn ich die Zähne putze, muss ich das Bad verlassen. Ich laufe durch die Wohnung, höre Musik, mache
alles Mögliche, nur die Zähne putze ich irgendwie nicht.
Am Ende ist die Bürste ganz zerkaut.

82 teilen diesen Spleen

Wenn ich morgens nach dem Aufwachen ins Bad gehe,
muss ich, je nachdem, meinen ganzen Rotz aus der Nase
ins Waschbecken oder in die Dusche entleeren, bis absolut nix mehr drin ist.

354 teilen diesen Spleen

Immer wenn ich meine Zähne putze, muss ich die Zahnbürste vor und nach Auftragen der Zahnpasta unter den
Wasserstrahl halten. Sonst fühlt es sich irgendwie so
falsch und trocken an im Mund.

192 teilen diesen Spleen

Ich halte beim Sprühen von Deo immer die Luft an, bis ich aus dem Badezimmer raus bin.

180 teilen diesen Spleen

Ich muss jedes Mal, wenn ich eine Wasserflasche gereicht bekomme, aus der gerade jemand anders getrunken hat, die Flaschenöffnung kurz mit der Hand »sauber« wischen. Auch wenn es meine Frau oder die Kinder waren, die vorher daraus getrunken haben.

112 teilen diesen Spleen

Ich föhne meinen Penis.

1 teilt diesen Spleen

Wenn ich nicht jeden Tag meine Ohren reinige, fühle ich mich schmutzig.

38 teilen diesen Spleen

Wenn ich das Bett frisch bezogen habe, muss ich mindestens eine Woche lang direkt vor dem Schlafengehen duschen, um es nicht unnötig zu beschmutzen und das »frisches-Bett-Gefühl« so weit wie möglich herauszuzögern.

37 teilen diesen Spleen

Nach dem Duschen streife ich kurz mit meinen Händen das restliche Wasser von meinem Körper ab, damit das Handtuch nicht direkt klatschnass wird.

{200} teilen diesen Spleen

Ich habe die Angewohnheit, meine Haarspitzen regelmäßig auf Spliss zu untersuchen. Wenn ich welchen gefunden habe, wird er säuberlich mit einer Nagelschere abgeschnitten.

{53} teilen diesen Spleen

Wenn im Gesicht einer mir nahestehenden Person ein Hautfetzen oder eine übervolle Pore erkennbar ist, gelingt es mir nur mit größter Mühe, dem Drang zu widerstehen, an ihr herumzuknubbern. Wenn sie es zulässt, kann ich einige Minuten damit verbringen, ihre Haut mit Fingernägeln und Pinzette zu reinigen, das macht mich dann ausgesprochen glücklich.

{32} teilen diesen Spleen

Immer wenn ich zu Hause vor dem Badezimmerspiegel stehe, muss ich wie wild in meinem Gesicht rumdrücken, vor allem an Nase und Kinn. Ich will damit vermeiden, dass dort Pickel entstehen.

{38} teilen diesen Spleen

Das Erste, was ich mache, wenn ich nach Hause komme, ist Händewaschen. Wenn ich das nicht tue, habe ich das Gefühl, dass ich noch was machen muss, und kann mich auch nicht selbst anfassen, vor allem nicht im Gesicht.

222 teilen diesen Spleen

Ich gehe erst zum Zahnarzt, wenn mir zwei Zähne weh tun, bei einem schmerzhaften Zahn warte ich noch.

8 teilen diesen Spleen

Ich kürze meine Finger- und Zehennägel immer mit meinen Fingernägeln, dabei reiße ich ab und zu zu viel vom Nagel ab, so dass ich ein Stück Haut mitnehme, und das schmerzt dann unheimlich. Trotz der Gefahr kürze ich meine Nägel immer so und nicht mit der Schere.

124 teilen diesen Spleen

Wenn ich außer Haus auf Toiletten gehe, muss ich mir die Hände VOR dem Toilettengang waschen, weil ich auf keinen Fall will, dass fremde Bakterien an meine Genitalien gelangen, alleine der Gedanke daran löst bei mir Übelkeit aus. Die Klobrille wird natürlich vorher penibelst mit Klopapier eingepackt.

17 teilen diesen Spleen

Ich fülle meinen Zahnputzbecher immer bis zum Rand

mit Wasser, obwohl ich nicht einmal die Hälfte fürs Zähneputzen benötige. Mit dem Rest spüle ich dann das Waschbecken aus.

{ 28 } teilen diesen Spleen

Ich muss alle neuen Sachen erst einmal vor dem ersten
Tragen waschen. Ich hoffe, dadurch die Schadstoffe her-
auszuspülen zu können, die meine Haut reizen könnten.

{ 49 } teilen diesen Spleen

Ich dusche immer auf die gleiche Weise, erst die Haare
waschen und dann den Körper mit Duschgel. Wenn ich
mal aus Versehen zuerst Duschgel nehme, wasch ich es ab
und fange von vorne an.

{ 65 } teilen diesen Spleen

Wenn ich nach dem Duschen mit meinen Füßen direkt
den Fußboden berühre statt den Duschvorleger, fühle ich
mich dadurch wieder dreckig und müsste eigentlich
gleich noch mal duschen gehen.

{ 186 } teilen diesen Spleen

Ich putze mir die Zähne unter der Dusche, um Zeit zu
sparen.

{ 18 } teilen diesen Spleen

Wenn ich über den Tag merke, dass ein Barthaar nach der morgendlichen Rasur doch überlebt hat, wird daran so lange gezogen, bis es entwurzelt ist. Und zwar sofort nach Entdeckung.

8 teilen diesen Spleen

Während ich Zähne putze, öffne ich immer schon den Wasserhahn, bevor ich fertig bin, schrubbe dann aber doch noch ein paar Runden, und das Wasser läuft sinnlos vor sich hin. Neuerdings achte ich darauf und mache ihn dann höchst empört aus.

55 teilen diesen Spleen

Wenn ich mir bei anderen die Hände wasche, trockne ich mir die Hände immer am untersten Ende des Handtuchs, weil ich davon ausgehe, dass dieser Bereich von meinen Vorgängern nicht benutzt wurde.

422 teilen diesen Spleen

Bett

Der Schlaf ist das Heiligtum auch ungläubiger Menschen. Und wo's heilig wird, da sind Rituale nicht weit. Die wenigsten gehen einfach ins Bett und schlafen ein, stattdessen pflegen wir eine Reihe von mal mehr, mal weniger vernünftigen Vorbereitungen, um das Ein-, Durch- und Ausschlafen zu optimieren. Letzteres veranlasst erstaunlich viele Menschen dazu, ihren Wecker freiwillig mitten in der Nacht klingeln zu lassen, um sich am Gefühl zu berauschen, noch 4 weitere Stunden schlafen zu können. Die Beschaffenheit von Bett und Schlafzimmer folgt dabei oft der Energielehre des Fengshui und noch öfter dem Prinzip, dass die Knopfleiste des Bettbezugs immer ans Fußende gehört. Wenn dann noch ein Glas Wasser auf dem Nachttisch steht, ein Fuß in der Bettritze steckt, ein Kissen auf dem Ohr liegt, alle Schubladen zu sind, die Federn gleichmäßig im Bezug verteilt sind und ein Hörspiel läuft, dann steht dem entspannten Schlaf nichts mehr im Weg.

Ich stelle meinen Wecker grundsätzlich auf »schräge« Uhrzeiten ein. Statt um 6 Uhr stehe ich um 6:03 Uhr auf oder um 7:31 Uhr. Mir gefällt das Gefühl, die Einzige zu sein, die genau in diesem Moment aufwacht.

{ 11 } teilen diesen Spleen

Der Reißverschluss oder die Knöpfe der Bettdecke müssen am Fußende sein und nach unten zeigen. Das kontrolliere ich vor jedem Schlafengehen.

{1875} teilen diesen Spleen

Schlafe am besten mit meiner rechten Hand im Schritt. Ohne mich zu befummeln. Beruhigt mich einfach. Oder ich halte eine Brust fest. Einfach, um zu wissen, dass noch alles da ist.

{ 46 } teilen diesen Spleen

Wenn ich ins Bett gehe, muss ich immer Socken anhaben. Kurz vorm Einschlafen oder während der Nacht ziehe ich sie dann aus. Wenn ich das Bett neu beziehe, finde ich immer irgendwo eine Socke.

{ 66 } teilen diesen Spleen

Ich brauche immer etwas zu trinken neben dem Bett. Trinke ich nachts die bereitgestellte Flasche aus, muss ich mir etwas Neues holen. Ist nichts da, kann ich nicht schlafen. Selbst wenn ich mich dazu zwingen will: Mein Hals wird dann unweigerlich so trocken, dass ich mir etwas holen muss.

{160} teilen diesen Spleen

Ich kann nur auf der rechten Schulter liegend einschlafen!

{123} teilen diesen Spleen

Ich muss mir die Bettdecke über die Ohren ziehen, damit es absolut ruhig und warm ist. Im Sommer schwitze ich dann immer total, aber ohne Decke über den Ohren geht es eben nicht.

{43} teilen diesen Spleen

Ich muss beim Einschlafen immer einen Fuß in die Ritze zwischen den Matratzen stecken. Nur so kann ich einschlafen.

{323} teilen diesen Spleen

Ich brauch ein Glas Wasser neben meinem Bett. Sonst kann ich nicht schlafen. Auch wenn ich meistens durchschlafe und keinen einzigen Schluck davon trinke.

{957} teilen diesen Spleen

Ich brauche im Schlafzimmer absolute Ruhe. Kein Wecker darf ticken, und ich könnte schon wahnsinnig werden, wenn mein Freund neben mir mit offenem Mund atmet. Das wird in meinen Ohren immer lauter.

Liege ich allerdings unten auf dem Sofa und mache tagsüber die Augen etwas zu, kann man mit dem Presslufthammer das Haus einreißen, und ich schlafe trotzdem ein.

61 teilen diesen Spleen

Bettdeckenbezüge, in denen die Decke verrutscht ist und vor allem nicht mehr oben in den Ecken ist, sind schrecklich, die Decke muss bis oben reichen. Wenn das nicht so ist, stehe ich auf, schüttel die Bettdecke auf, bis alles wieder passt. Erst dann kann ich schlafen. Es ist einfach ein schreckliches Gefühl, wenn der Bettbezug oben leer ist.

346 teilen diesen Spleen

Wenn ich mich ins Bett lege, muss das Bett gemacht sein. Wenn es noch ungeordnet ist, muss ich es erst machen, um mich dann hineinzulegen.

52 teilen diesen Spleen

Ich kann nicht einschlafen, wenn irgendwo im Zimmer eine Uhr tickt. Fernseher oder Straßenlärm machen mir nichts aus, eine tickende Uhr macht mich fertig.

302 teilen diesen Spleen

Ab und zu kommt es vor, dass ich mich beim Einschlafen aufs Einschlafen fokussiere, und dann kann ich nicht mehr einschlafen.

{176} teilen diesen Spleen

Ich kann nicht einschlafen, wenn es ruhig ist. Aus diesem Grund höre ich abends immer Hörbücher – am liebsten Harry Potter. Als ich noch ein Kind war, waren es immer Benjamin Blümchen und Bibi Blocksberg.

{38} teilen diesen Spleen

Wenn ich einschlafe, lege ich mich als Erstes auf die rechte Seite, warte, bis ich einigermaßen ruhig bin, dann drehe ich mich auf meine linke Seite, warte, bis ich kurz davor bin, einzuschlafen, und drehe mich dann wieder auf meine rechte Seite, damit ich dort einschlafen kann. Wenn ich das nicht mache, kann ich nicht einschlafen.

{50} teilen diesen Spleen

Ich trage meist keinen Schlafanzug. Ich gehe mit den Klamotten, die ich tagsüber trug, ins Bett, und morgens ziehe ich mir wieder frische an.

{8} teilen diesen Spleen

Immer wenn ich abends ins Bett gehe, schau ich überall nach, ob noch irgendwo etwas leuchtet (Ladekabel oder

Steckdosenverlängerungskabel). Wenn ich eins vergessen habe und es im Dunkeln noch leuchtet, kann ich absolut nicht einschlafen.

{119} teilen diesen Spleen

Ich muss meine Bettdecke immer so drehen, dass ich mit der kalten Seite zugedeckt bin.

{215} teilen diesen Spleen

Wenn ich nachts nicht einschlafen kann, ertrage ich es nicht, dass meine Gedanken zu irgendwelchen Problemen abschweifen. Also muss ich so lange lesen, bis ich über dem Buch eingeschlafen bin.

{39} teilen diesen Spleen

Ich muss im Doppelbett immer in der Mitte schlafen, und das Knie gehört in die Bettritze.

{200} teilen diesen Spleen

Ich kann nicht einschlafen, wenn die Tür von meinem Kleiderschrank offen ist.

{169} teilen diesen Spleen

Ich kann nur mit Ohropax schlafen. Und das auch, wenn es gar keinen Lärm gibt. Offenbar habe ich mich so daran gewöhnt, dass ich die Stimulation der Gehörgänge brauche – wenn es also keine Ohropax gibt, hilft es auch, mir ein Taschentuch oder so was in die Ohren zu stecken.

{ 30 } teilen diesen Spleen

Wenn ich woanders schlafe als zu Hause, stelle ich mir immer vor, wie mein Bett zu Hause gedreht ist, um einzuschlafen.

{ 41 } teilen diesen Spleen

Vor dem Schlafengehen muss ich immer ausrechnen, wie viele Stunden ich bis zum Aufstehen schlafen kann. Sind es weniger als sieben Stunden, bilde ich mir ein, nicht ausgeschlafen sein zu können, was mich dann teilweise so kirre macht, dass ich nachts mehrmals aufwache und dann vor lauter Grübelei, dass ich nicht genug Schlaf kriege während dieser Nacht, nicht mehr einschlafen kann und erst lesen muss, damit ich wieder müde werde.

{ 70 } teilen diesen Spleen

Bevor ich ins Bett gehe, muss ich mein Schlafzimmer aufräumen.

{ 8 } teilen diesen Spleen

Ich höre seit 15 Jahren JEDEN Abend DASSELBE Hörspiel. Ohne kann ich nicht einschlafen.

{122} teilen diesen Spleen

Ich kann nur schlafen, wenn ich meine Haare oder die Bettdecke über mein nach oben zeigendes Ohr lege.

{51} teilen diesen Spleen

Wenn ich nicht einschlafen kann, weil ich weiß, ich muss schlafen, da ich morgen sehr früh rausmuss, schaue ich auf die Uhr und denke mir, wie toll es ist, dass ich noch ganze sechs Stunden zum Schlafen habe – also alle Zeit der Welt. Das wiederhole ich so oft, bis es nur noch zwei Stunden sind und ich mir denke, jetzt lohnt es sich kaum noch zu schlafen. Dann schlafe ich ein und ärgere mich am nächsten Morgen. Ich nehme mir dann fest vor, am nächsten Abend früh schlafen zu gehen, was natürlich nicht klappt.

{300} teilen diesen Spleen

Ich kann nur einschlafen, wenn ich das Lakenende zwischen meinen Zehen festklemme.

{22} teilen diesen Spleen

Immer wenn ich im Urlaub bin, muss ich meinen Kopf beim Schlafen so drehen, wie ich denke, dass dort mein

Zuhause ist, d. h., ich muss in Richtung meiner Wand schlafen. Sonst kann ich nicht einschlafen, auch wenn ich mich irgendwie verdrehen muss.

25 teilen diesen Spleen

Ich kann AUF GAR KEINEN FALL einen Fuß oder eine Hand über den Bettrand hängen lassen.

232 teilen diesen Spleen

Ich muss mein Kopfkissen vor dem Schlafen auf eine ganz bestimmte Weise knautschen, damit es bequem ist. Wenn mein Freund irgendwie dagegenkommt oder sich gar mit auf mein Kissen legt, muss er sich zurück auf sein eigenes Kissen legen, und der »Knautschvorgang« muss wiederholt werden. Ansonsten werde ich grantig und wache garantiert am nächsten Morgen mit Nackenverspannungen auf. Die Decke teilen wir uns ohne Probleme, aber beim Kissen bin ich echt intolerant.

65 teilen diesen Spleen

Ich kann nicht einschlafen, wenn ich auf der linken Seite liege, weil ich mir vorstelle, dass dann mein Herz zusammengequetscht wird und nicht richtig frei schlagen kann. Es ist so, wie Atemnot zu bekommen. Wenn ich mich nach rechts drehe, ist alles gut.

15 teilen diesen Spleen

Empathie

Der Mensch ist die einzige Spezies, die ihrem Fahrrad gute Nacht sagt. Und schieben wir Kriege und Online-Kommentare mal beiseite, ist da eine Solidarität und Liebe in uns programmiert, die sogar über das Zwischenmenschliche hinausgeht. Wer Trauer trägt, wenn die Lieblingstasse verschwunden ist, der muss sich dafür nicht schämen. Im Gegenteil: Es zeugt von einem großen Herz, nur hängen wir gewisse Gefühle nicht an die große Glocke. Die abgeschwächte Form der Objektophilie ist weiter verbreitet, als man denkt. Sie beginnt bei Kosenamen für das eigene Auto und endet bei Unterhosen, von denen man sich aufgrund der langen gemeinsamen Geschichte nicht trennen kann. Machen wir's kurz: Der Mensch ist besser als sein Ruf.

Wenn ich bei meinem Drucker Papier nachlegen muss, dann lege ich die restlichen Blätter, die noch in dem Drucker sind, immer nach oben. Das ist sonst unfair, weil die nun schon so lange gewartet haben, bis sie endlich dran sind.

{180} teilen diesen Spleen

Wenn ich mein Fahrrad abgestellt und angeschlossen habe, tätschle ich ihm immer noch einmal den Sattel oder verabschiede mich mündlich, bevor ich gehe. Damit es sich nicht achtlos zurückgelassen fühlt und im Falle eines versuchten Diebstahls standhaft bleibt. Wenn andere Leute dabei sind, greife ich auf Telepathie zurück. Ich glaube, es versteht mich trotzdem.

{20} teilen diesen Spleen

Ich muss nie weinen, wenn in einem Film ein Mensch stirbt. Stirbt aber ein Hund, finde ich das richtig schlimm und bin echt traurig.

{18} teilen diesen Spleen

Wenn ich beim Radiohören am Ziel der Fahrt ankomme, lass ich den Radiosprecher immer noch den Satz zu

Ende sagen, bevor ich den Motor ausschalte, aus Höflichkeit.

43 teilen diesen Spleen

Ich konnte in meiner Kindheit nie Schokoweihnachtsmänner oder -osterhasen essen, weil es mir vorkam wie Mord. Mir geht's noch heute so. Über Schokoeier freu ich mich aber riesig!

24 teilen diesen Spleen

Wenn ich als Einziger über eine Ampel gehen muss, hebe ich aus Dank dem Autofahrer meinen Zeigefinger, dasselbe gilt auch, wenn Autos warten, bis ich die Straße überquert habe. Ich finde das aus Höflichkeit sehr wichtig und habe immer ein schlechtes Gewissen, wenn ich das nicht getan habe.

61 teilen diesen Spleen

Wenn ich Nachrichten schaue und der Sprecher sagt »Guten Abend«, muss ich auch immer laut »Guten Abend« sagen.

256 teilen diesen Spleen

Bevor ich masturbiere, muss ich meine Kuscheltiere mit einer Decke zudecken. Ich könnte es nicht ertragen, wenn sie mir zusehen!

{ 16 } teilen diesen Spleen

Immer wenn ich mir Zimmerpflanzen kaufe und es gibt von einer Pflanze mehrere Exemplare zur Auswahl, nehme ich das hässlichste Exemplar. Wahrscheinlich würde sie niemand sonst nehmen, und das tut mir leid. Es kam auch schon vor, dass ich mir eine besonders verdorrte gekauft habe, obwohl ich gar keinen Pflanzenkauf beabsichtigte, nur damit sie bei mir zu Hause ein schönes Restleben führen kann.

{ 21 } teilen diesen Spleen

Ich kann keine verirrten Regenwürmer auf Asphalt liegen lassen, die klaube ich immer auf und befördere sie auf sicheres Terrain, irgendetwas mit Erde halt.

{103} teilen diesen Spleen

Wenn jemand in meiner Gegenwart isst, helfe ich demjenigen, indem ich mitkaue und -schlucke.

{ 10 } teilen diesen Spleen

Bei Facebook-Beiträgen von guten Freunden muss ich immer »gefällt mir« drücken, auch wenn ich es eigentlich gar nicht will, sonst habe ich ein schlechtes Gewissen.

16 teilen diesen Spleen

Immer wenn ich gerade mit jemandem telefoniere und Personen um mich herum sind, die diese Person auch kennen, richte ich Grüße aus, damit die Gegrüßten zurückgrüßen und alle ein besseres Bild voneinander haben. Danach bereue ich, dass ich es schon wieder getan habe, weil es ja unehrlich ist.

18 teilen diesen Spleen

Wenn ich staubsauge und ich versehentlich eine Spinne, Käfer oder Ähnliches aufgesaugt habe, dann tut es mir schrecklich leid und ich muss mich immer bei dem Tier entschuldigen!

60 teilen diesen Spleen

Am Urlaubsende wird sich immer von allem verabschiedet: Tschüss, Strandbar, Tschüss, Meer, Tschüss, Zimmer, Tschüss, Berg, Tschüss, Skilift.

51 teilen diesen Spleen

Wenn ich einkaufen gehe und ein Produkt in die Hand nehme und dann noch mal das gleiche Produkt angucke (aber eine andere Verpackung), dann muss ich trotzdem das nehmen, das ich zuerst genommen hab, weil es gemein ist, wenn ich mich dann doch für ein anderes entscheide.

37 teilen diesen Spleen

Ich bin traurig, wenn ich Gegenstände wegschmeißen muss, die noch gut sind, also nicht defekt. Es kommt mir dann vor, als würde ich ein kleines Hundebaby aussetzen und dass die Dinge traurig sind, weil sie nicht mehr gebraucht werden, dabei haben sie doch so lange für mich funktioniert. Ich muss dann ein neues Zuhause für sie finden, und wenn ich sie im Internet verschenke. Ich entschuldige mich auch bei ihnen und bedanke mich und versichere, dass sie mir gute Dienste geleistet haben.

48 teilen diesen Spleen

Ich muss jeden Hund streicheln, den ich sehe. Wenn er zu weit entfernt ist, muss ich ihn zumindest angrinsen.

23 teilen diesen Spleen

Ich entschuldige mich bei meinem Auto und streichle übers Lenkrad, wenn ich etwas unsanft über einen Bordstein gefahren bin oder der Gangwechsel von einem »grrrz« begleitet wurde.

81 teilen diesen Spleen

Ich fühle mich immer schlecht, wenn ich meiner Katze beim Verlassen des Hauses nicht »Tschüss« gesagt habe, und gehe dann noch mal zurück ins Haus, um mich von ihr zu verabschieden, damit sie nicht traurig ist.

28 teilen diesen Spleen

Immer wenn ich sehe, wie ein Hund irgendwo hinmacht, schaue ich weg, weil ich Angst habe, er könnte sich beobachtet fühlen.

33 teilen diesen Spleen

Jedes Mal wenn ich sehe, wie sich jemand weh tut, muss ich mir vorstellen, wie sich das anfühlt. Ich hab schon versucht, mich gedanklich abzuhärten und mir gut zuzureden, im Sinne von: »Das bist nicht du, du hast dir nicht weh getan, ist doch egal, wie es sich anfühlt.« Leider klappt das nicht, ich mach es aber immer wieder.

54 teilen diesen Spleen

Wenn ich ins Bett gehe, kuschel ich gerne mit meiner Bettdecke und stell mir vor, es wäre mein Partner.

250 teilen diesen Spleen

Immer wenn ich eine Trilogie oder Buchreihe zu Ende gelesen habe, habe ich so ein inneres Gefühl der Leere, weil die Charaktere mir einfach so ans Herz gewachsen sind. Ist irgendwie bescheuert, weil es nur Bücher sind, aber ich kann dann nicht sofort ein neues Buch anfangen.

{132} teilen diesen Spleen

Wenn ein Kontrolleur im Bus auftaucht, suche ich grundsätzlich absichtlich lange nach meinem Ticket, um den Schwarzfahrern Zeit zum Verduften zu verschaffen. Obwohl ich selbst immer brav ein Ticket kaufe.

{44} teilen diesen Spleen

Wenn ich Gegenstände umstelle, die längere Zeit nebeneinandergestanden haben, habe ich ein schlechtes Gewissen, weil ich denke, dass sie sich vermissen.

{50} teilen diesen Spleen

Manchmal, wenn ich noch ein oder zwei Cent habe, werfe ich sie auf den Gehweg, weil ich weiß, dass sich andere dann freuen und sie als Glückspenny behalten.

{21} teilen diesen Spleen

Ich kann Stofftiere, besonders Teddybären, bei einem Umzug nicht einfach in eine Kiste stopfen, sondern muss sie so setzen, dass alle bequem sitzen und Platz haben. Den Karton mache ich dann nur ganz vorsichtig zu, weil ich sonst ein schlechtes Gewissen habe.

{82} teilen diesen Spleen

Wenn ich im Geschäft einen Gegenstand schon angefasst habe und danach überlege, lieber doch den hinteren zu nehmen, tut mir der erste Gegenstand leid, weil er jetzt nicht gekauft wird.

68 teilen diesen Spleen

Ich habe im Supermarkt immer den Drang, die Warentrenner nach ganz hinten zu schieben, damit der Nächste es leichter hat.

89 teilen diesen Spleen

Wenn ich mich auf einer Seite anmelde und die AGBs und sonstige Bedingungen bestätigen soll, muss ich den Link immer öffnen, den ersten Absatz lesen, und dann überfliege ich den Rest. Auch wenn ich davon nichts aufnehme, ist es doch wichtig, damit sich die AGBs nicht vernachlässigt fühlen.

29 teilen diesen Spleen

Ich habe zwei Felder auf meiner Herdplatte. Wenn ich auf dem einen was koche und das andere unbenutzt bleibt, stelle ich auf die unbenutzte Platte immer einen Topf mit Wasser, damit sich der andere Topf nicht so allein fühlt.

4 teilen diesen Spleen

Wenn ich auf eine Schnecke oder einen Wurm trete, entschuldige ich mich dafür tausendmal in Gedanken und konzentriere mich dann ganz genau darauf, auf meinem Weg nicht weiter zu morden.

{111} teilen diesen Spleen

Wenn ich aus einem Supermarktregal Waren entnehme, nehme ich immer die zuerst ablaufenden Lebensmittel, damit sie nicht das Ablaufdatum überschreiten und weggeworfen werden müssen.

{10} teilen diesen Spleen

Ich kann kein gekochtes Ei mit einem Messer köpfen. Ich denke immer, das tut dem Ei weh. Aufklopfen und Abpellen dagegen geht.

{3} teilen diesen Spleen

Ich habe ein paar ganz alte Unterhosen mit großen Löchern, weil ich es schade finde, sie wegschmeißen zu müssen. Wenn ich sie trage, denke ich während des Tages daran und hoffe, keinen Unfall zu haben, weil man sich bestimmt auf der Rettungsstelle über mich totlachen würde.

{16} teilen diesen Spleen

Immer wenn ich etwas Neues kaufe (Handy, Computer, Digitalkamera oder Armbanduhr zum Beispiel) und ich habe das Alte noch behalten, bilde ich mir ein, die alten Gegenstände sind todtraurig, weil sie mir ja immer treu gedient haben. Deshalb benutze ich die alten Sachen immer mal wieder, um sie damit »aufzumuntern«.

{ 5 } teilen diesen Spleen

Wir haben eine Treppe, bei der auf Höhe der untersten Stufe ein Podest ist. Ich muss immer trotzdem auf die letzte Stufe treten, weil ich denke, die Stufe ist traurig, wenn ich auf alle anderen trete, nur auf sie nicht. Wenn ich es mal vergesse, muss ich zurückgehen und auf die Stufe treten, weil ich sie nicht benachteiligen will.

{ 14 } teilen diesen Spleen

Immer wenn mir jemand im TV zuzwinkert, fühle ich mich gezwungen, zurückzuzwinkern. Eine Art Wertschätzung der mir unbekannten Person.

{ 209 } teilen diesen Spleen

Ich muss mich bei Gegenständen entschuldigen, zum Beispiel wenn ich eine Tür zu fest zugeschlagen habe, aus Versehen mein Schuhregal getreten habe oder Dinge heruntergefallen sind.

{ 98 } teilen diesen Spleen

Wenn mir ein Lied gefällt, höre ich es so lange, bis ich es nicht mehr hören kann. Dann habe ich ein schlechtes Gewissen gegenüber dem Lied, da ich es nicht mehr höre.

7 teilen diesen Spleen

Wenn ich ein Spinnennetz entdecke, muss ich immer nachschauen, ob sich ein Insekt darin verfangen hat. Falls das Tier von der Spinne noch nicht entdeckt wurde, rette ich es aus der Falle und befreie es auch noch von den klebrigen Spinnfäden. Jedes Mal freue ich mich für das gerettete Tier. Sorry, liebe Spinne, aber ich kann nicht anders.

19 teilen diesen Spleen

Immer wenn ich einen Film schaue und es kommt eine Szene, die für den Darsteller im Film extrem peinlich ist, muss ich umschalten, da ich mich zu sehr fremdschäme und es einfach nicht aushalte. Erst wenn die Szene vorbei ist, schaue ich den Film weiter.

59 teilen diesen Spleen

Ich muss immer sehr »fair« sein mit meinem Körper. Wenn ich zum Beispiel mit der rechten Seite des Rückens an eine Wand lehne, dann muss ich mich auch mit der linken Seite genauso lange an die Wand lehnen. Sonst hab ich das Gefühl, die Seite fühlt sich vernachlässigt.

100 teilen diesen Spleen

Wenn ich Obst oder Gemüse kaufe, achte ich darauf, dass ich es nicht sortiere, ich nehme gerade das, was mir unter die Hand kommt, außer es ist in einem sehr schlechten Zustand. Es ist eine Art Solidarität mit der Erde, denn wenn ich es mir aussuche, überkommt mich das Gefühl der Arroganz, so als stünde der Mensch über der Natur.

{ 27 } teilen diesen Spleen

Immer wenn ich den Kater meiner Freundin mit Nassfutter füttere, greife ich wahllos drei Tüten verschiedener Sorten aus dem Schrank und stelle diese fein säuberlich aufgereiht auf dem Boden auf. Die Nassfuttertüte, die er als Erstes umschubst, mache ich ihm auf. Ich will ihm selbst die Wahl überlassen, was es für ihn zu essen gibt.

{ 9 } teilen diesen Spleen

Ich muss immer »Gesundheit« sagen, wenn einer niest, notfalls auch flüstern, selbst wenn ich die Person nicht näher kenne. Ich befürchte, dass derjenige stirbt, wenn ich es nicht tue.

{ 5 } teilen diesen Spleen

Computer

Der durchschnittliche Werktätige verbringt genauso viel Zeit vor digitalen Endgeräten wie im Bett. Im Gegensatz zum Bett, zum Badezimmer oder zum Auto haben wir den Computer damit erst sehr spät in die Top vier der beliebtesten Aufenthaltsorte gewählt. Und so, wie die Digitalisierung in atemberaubender Zeit völlig neue Märkte geschaffen hat, fand auch der Bekloppte in uns darin eine phantastische neue Spielwiese, die gerade im Bereich Social Media keine Grenzen kennt. Wer sich zehn verschiedene Facebook-Freunde züchtet, damit die eigenen Status-Updates genug Likes bekommen, kann davon ein Liedchen singen. Eigentlich sollte das Internet alles leichter machen. Eigentlich.

Wenn ich online einen Artikel lese, zu dem ich eine dezidierte Meinung habe, muss ich mir das ganze Forum durchlesen, nur um mich über die Idioten aufzuregen, die eine andere Meinung haben.

22 teilen diesen Spleen

Ich bin dermaßen narzisstisch, dass ich mich beim Skypen den Großteil der Zeit selbst in dem Minifenster angucke anstatt meinen Gesprächspartner.

10 teilen diesen Spleen

Bevor ich im Browser auf »zurück« klicke, muss ich die Seite immer bis ganz nach oben scrollen. Nicht dass der Nächste, der auf die Seite kommt, ganz unten anfangen muss.

39 teilen diesen Spleen

Wenn ich jemandem ein YouTube-Video zeige, gebe ich ganz schnell hintereinander Y, O, U, T ein, weil ansonsten Youporn in der URL-Leiste ergänzt wird. Ich gucke doch gar keine Pornos … ;-)

99 teilen diesen Spleen

Ich gehe von Zeit zu Zeit meine Facebook-Freundesliste durch und lösche entfernte oder nicht mehr aktuelle Bekannte. Danach fühle ich mich richtig gut – als hätte ich ordentlich ausgemistet.

40 teilen diesen Spleen

Ich kann es nicht leiden, dass die linke Maustaste so viel öfter benutzt wird als die rechte. Um das auszugleichen, klicke ich manchmal wild und sinnlos mit der rechten Maustaste herum, um die »Klickzahlen« wieder anzugleichen.

16 teilen diesen Spleen

Wenn ich am Computer etwas mit der Tastenkombination Strg+C kopieren möchte, drücke ich mindestens fünf Mal auf das C. Es könnte ja sein, dass es sonst nicht kopiert wird.

69 teilen diesen Spleen

Ich muss alle paar Minuten kontrollieren, wer bei Facebook online ist, und rege mich dann über die auf, die nichts anderes zu tun haben, als bei Facebook zu sein.

16 teilen diesen Spleen

Wenn ich morgens im Büro meinen Laptop hochgefahren habe, muss ich immer alle relevanten Programme öffnen.

Eine PowerPoint-Datei, eine Word-Datei, Excel etc. Die müssen dann auch geöffnet bleiben. Erst dann kann ich beruhigt mit der normalen Arbeit beginnen. Ich finde das irgendwie harmonisch, und es beruhigt mich, dass ich alles sofort griffbereit habe.

27 teilen diesen Spleen

Ich bin ein Messie, was Browsertabs angeht, und es fällt mir schwer, einen zu schließen – man könnte den Inhalt ja doch noch mal gebrauchen oder jemandem zeigen wollen! Deshalb habe ich immer mindestens 20 bis 30 Tabs mit teilweise echt sinnlosem Kram offen. Die aktuell verwendeten müssen immer ganz rechts sein. Manchmal verwende ich auch mehrere Fenster, um den Überblick zu behalten.

87 teilen diesen Spleen

Wenn es irgendwo im Internet die Chance gibt, seinen Senf dazuzugeben, und man sich nicht anmelden muss, dann mache ich es – auch wenn mich das Thema nicht die Bohne interessiert.

56 teilen diesen Spleen

Wenn ich ein Video auf meinem Computer gucke, muss ich den Mauszeiger außerhalb des Videos an den Bildrand bewegen. Es macht mich verrückt, wenn jemand den Zeiger irgendwo mitten im Video lässt.

281 teilen diesen Spleen

Beim Schreiben von E-Mails achte ich immer penibel darauf, dass der Empfänger erst zum Schluss eingetragen wird. Es könnte ja sein, dass die Mail in halbfertigem Zustand abgesendet wird. Jede adressierte, aber noch unfertige Mail ist ein Spiel mit dem Feuer!

{239} teilen diesen Spleen

Wenn ich mit Word einen Text schreibe, macht es mich total unruhig, wenn ich rot unterstrichene Wörter sehe. Ich korrigiere diese immer, selbst wenn das Wort danach falsch geschrieben ist.

{137} teilen diesen Spleen

Wenn ich am PC einen markierten Text in die Zwischenablage kopieren will, drücke ich immer mehrmals hintereinander Strg+C, um sicherzugehen, dass der Text auch wirklich kopiert wurde.

{223} teilen diesen Spleen

Wenn ich eine Datei herunterlade oder etwas kopiere, schaue ich unheimlich gern dem Ladebalken dabei zu, wie er sich langsam füllt. Das erfüllt mich mit großer Ruhe und Gelassenheit, und ich fühle mich danach sehr erholt.

{32} teilen diesen Spleen

Nachdem ich ein Programm beendet habe, muss ich immer mit einem Tool temporäre Dateien, Cache und solche Dinge löschen und die Sachen aus dem Papierkorb entfernen. Ich kriege Beklemmungen, wenn ich das Gefühl habe, dass da irgendwo noch unnützes Zeug rumliegt. Manchmal passiert das alle zehn Minuten.

19 teilen diesen Spleen

Ich möchte dauernd irgendwelche Tastenkombinationen im täglichen Leben benutzen. Zum Beispiel Strg+F (suchen) drücken, wenn ich in meiner Wohnung irgendetwas suche oder gerade beim Lesen der Inhaltsstoffe auf einem Lebensmitteletikett. Dann machen meine Finger die Strg+F-Bewegung, und ich merke, ich habe gar keine Tastatur (nicht dass das in dem Fall überhaupt was nützen würde). Auch sehr oft: Strg+Z (rückgängig) bei Missgeschicken jeglicher Art.

19 teilen diesen Spleen

Wenn ich ein Video oder einen Livestream im Internet gucke, mache ich bei der zwischengeschalteten Werbung immer den Ton aus und surfe so lange in einem zweiten Fenster im Internet, bis die Werbung vorbei ist. Ich kann Werbung einfach nicht ertragen, auch wenn es nur der Ton ist.

109 teilen diesen Spleen

Ich entleere meinen Papierkorb auf dem Desktop, sobald etwas drin ist. Das kann 30 Mal an einem Tag sein.

{ 36 } teilen diesen Spleen

Wenn jemand neben mir steht, während ich ein Passwort am PC eintippe, tippe ich schneller als gewöhnlich, um ein »Ausspähen« meines Passwortes für den Beobachter zu erschweren. Leider vertippe ich mich genau dann recht oft, so dass der Beobachter sogar noch eine zweite Chance erhält.

{ 183 } teilen diesen Spleen

Wenn ich mich bei der Eingabe eines Passwortes am PC (wenn nur *** angezeigt werden) vertippe und das bemerke, lösche ich nicht nur das fehlerhafte Zeichen, sondern das ganze Wort und fange von vorn an.

{ 204 } teilen diesen Spleen

Bei Amazon lese ich meist nur die negativen Bewertungen – egal, wie viele positive Bewertungen der Artikel hat.

{ 62 } teilen diesen Spleen

Wenn ich jemandem eine Nachricht schreibe und Angst vor der Antwort habe, muss ich immer sofort danach offline gehen. Ich kann es nicht ertragen, zu sehen, dass der Empfänger online ist oder meine Nachricht sogar schon gelesen hat. Wurde die Antwort aber bereits gesendet, habe ich kein Problem, sie zu lesen.

99 teilen diesen Spleen

Immer wenn ein PC-Programm lange zum Laden braucht, kreise ich mit der Maus, obwohl ich weiß, dass es nichts bringt.

122 teilen diesen Spleen

Ich kann mich nicht von Lesezeichen, die ich unter meine Favoriten gespeichert habe, trennen und habe mittlerweile mehrere tausend davon.

14 teilen diesen Spleen

Wenn ich auf eine Mail warte, aktualisiere ich das Fenster zigmal, obwohl ich weiß, dass sowieso eine Meldung kommen würde.

164 teilen diesen Spleen

Oft möchte ich Fehler mit dem Rückgängig-Pfeil rückgängig machen wie bei Word und merke dann, dass das ja gar nicht geht!

79 teilen diesen Spleen

Manchmal sitze ich in der Öffentlichkeit vor meinem geschlossenen Notebook und traue mich nicht, es zu öffnen, weil ich mir nicht sicher bin, ob ich das Browser-Fenster des zuletzt angeschauten Pornos auch wirklich wieder geschlossen habe.

{ 22 } teilen diesen Spleen

Immer wenn ich auf YouTube Musik höre, muss das Video in höchster Qualität sein, auch wenn ich den Tab gar nicht geöffnet habe.

{ 20 } teilen diesen Spleen

Ich bewerte jeden Müll im Internet, und das sogar ausführlich: Ob Lieferservice, Arztpraxis oder Amazon-Produkt – ich denke immer, dass meine ehrliche Kritik den Verkäufern hilft.

{ 8 } teilen diesen Spleen

Wenn ich auf der Tastatur schreibe, berühre ich die Leertaste immer mit dem rechten Daumen. Deshalb muss ich ab und zu den linken Daumen fest drücken, damit das Gleichgewicht wieder stimmt.

{ 6 } teilen diesen Spleen

Ich freue mich immer unheimlich, wenn jemand einen Selfie postet und niemand es liked.

{ 59 } teilen diesen Spleen

Ich ertrage auf meinem Rechner keine Ordner, in denen sich nur eine Datei befindet. Ich muss also sofort ein zweites Dokument zum gleichen Thema anlegen, obwohl es dann vielleicht nur aus einer Überschrift besteht.

 teilen diesen Spleen

Ich muss immer zwischen allen geöffneten Registerkarten hin- und herschalten.

 teilen diesen Spleen

Ich liebe es, mir auf YouTube Videos übers richtige Schminken anzugucken. Bei den Mädchen sieht das immer so einfach und perfekt aus. Wenn ich mich dann mal ausgiebiger schminke, erwische ich mich oft, wie ich auch mit der imaginären Kamera spreche und jeden einzelnen Schritt genau erkläre.

{ 24 } teilen diesen Spleen

Ich muss bei Facebook immer meine verschiedenen Gruppen anklicken, damit die Zahlen daneben weggehen. Nicht weil ich wissen will, was dort Neues passiert ist, ich mag die Zahlen einfach nicht.

 teilen diesen Spleen

Wenn ich am Computer sitze, muss ich immer den Fernseher noch nebenbei anschalten. Meistens stört er mich sogar nach einer Weile, dann kann ich ihn aber nicht einfach ausschalten, sondern stell ihn auf lautlos.

{276} teilen diesen Spleen

Immer wenn ich im Internet einen Rechtschreibfehler entdecke, gucke ich zuerst auf die Tastatur, um zu überprüfen, ob der Fehler dadurch entstanden ist, dass die beiden Tasten direkt nebeneinanderliegen.

{ 6 } teilen diesen Spleen

Ich öffne Links immer mit der mittleren Maustaste, also in einem neuen Tab. Den vorherigen Tab schließe ich dann sofort.

{ 9 } teilen diesen Spleen

Wenn ich einen lächelnden Emoticon verwende, lege ich oft den Kopf quer und lächle mit. Erst danach fühlt er sich echt an.

{234} teilen diesen Spleen

Wenn ich in einem Forum etwas beantworte, muss ich die anderen Antworter »haten« und meinen Kommentar liken, damit meine Antwort an erster Stelle steht.

{ 74 } teilen diesen Spleen

Beim Lesen von längeren Texten am Computer kann ich nur dann vernünftig lesen, wenn ich mit der Maus doppelt in den entsprechenden Absatz klicke, damit der Text erst markiert wird, und dann noch einmal, dass er demarkiert wird. Das wiederhole ich so lange, bis ich den Text fertig gelesen habe.

{111} teilen diesen Spleen

Wenn ich am PC sitze, kann ich es nicht leiden, wenn andere meinen Bildschirm sehen können. Ich muss mich immer leicht drehen oder am besten in einer Ecke mit dem Rücken zur Wand sitzen. Wenn das aus irgendeinem Grund nicht geht, kann ich mich nicht darauf konzentrieren, was ich eigentlich machen muss.

{46} teilen diesen Spleen

Seit ich einen Kurs im 10-Finger-Schreiben für den PC gemacht habe, muss ich jeden Satz, den ich höre, auf einer unsichtbaren Tastatur nachtippen. Ich prüfe, ob bei den im Satz enthaltenen Buchstaben alle Finger zum Einsatz kommen.

{17} teilen diesen Spleen

Wenn ich im Netz kommentiere, dann immer als drei Personen. Einmal als Ich und zusätzlich als zwei andere, die mir recht geben. Klappt super, weil sich dann meistens noch andere auf meine Seite schlagen.

 teilen diesen Spleen

Ich suche mir manchmal fertig gedeckte Frühstückstische auf Pinterest und poste sie auf Facebook als meine eigenen. Hab's auch schon mal mit einem Urlaubsbild gemacht, weil auf Menorca gerade Scheißwetter war.

 teilen diesen Spleen

Ich kann diese rote Zahl auf meinem iPhone, die mir neue E-Mails, Facebook- oder WhatsApp-Nachrichten anzeigt, nicht ertragen. Ich muss sofort unterbrechen, was ich tue, sei es Auto fahren oder das Baby füttern, und erst alle Nachrichten zumindest anklicken oder löschen, bis die rote Zahl verschwunden ist. Vorher habe ich keine Ruhe!

Der Facebook-Chat macht mich fertig. Ich poste kurz was auf Facebook, dann muss das Fenster sofort geschlossen werden. Ein Wettlauf gegen die Zeit. Manchmal ist der Tab aber noch auf und dieses schreckliche Chat-Geräusch kommt. Dann könnte ich mir in den Arsch treten, weil dann alles zu spät ist und ich irgendeinen Quatsch chatten muss.

 teilen diesen Spleen

Ekel

Die Abneigung gegen Spinnen, Schimmel und Exkremente ist weit verbreitet und damit schnöder Mainstream. Dahinter verbergen sich evolutionär vererbte Reflexe, die dafür sorgen, dass wir bestimmte Dinge meiden und dadurch länger leben. Einigen Menschen schreibt die Psychologie allerdings ganz spezielle Codes ins Verhaltensmuster, die Panik auch dort auslösen, wo gar kein Leben in Gefahr ist. Aber so ist das mit der Psychologie. Ein harmloser Schal wird zum Höllen-Schal, wenn ihn die Schwiegermutter getragen hat. Enge Freunde werden Seuchenvögel, wenn sie mit dem subjektiv falschen Menschen geschlafen haben. Eine weitere Form des Ekels kann ihren Ursprung in der jüngsten Kindheit, einem vorherigen Leben oder einem vorvorherigen Leben haben. Warum sich manche Menschen vor Knöpfen, Eierlöffeln oder Zeitungspapier ekeln, klärt nur eine Rückführung oder ein Termin mit einem Medium. Einfacher ist es hingegen, seinen Frieden mit dem eigenen, ganz speziellen Underground-Ekel zu finden.

Ich kann es nicht ertragen, den Atem anderer Leute einzuatmen. Liege ich Gesicht an Gesicht mit meiner Freundin im Bett, achte ich immer genau darauf, gleichzeitig mit ihr ein- und auszuatmen. Kommt mir bei der Arbeit jemand auf dem Gang entgegen, muss ich stets so lange die Luft anhalten, bis der Abstand groß genug ist.

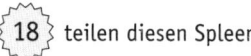 **18** teilen diesen Spleen

Ich empfinde Klodeckel auf öffentlichen Toiletten als reine Schikane und halte Menschen, die diese tatsächlich runterklappen, für vollkommen ekelbefreit. Ein zusätzlicher Gegenstand, der berührt werden muss – schlimm genug, dass man Spülung, Verriegelung, Seifenspender, Wasserhahn und meistens mindestens vier Türgriffe anfassen muss.

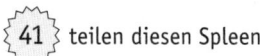 **41** teilen diesen Spleen

Ich kann keine Reste trinken. Selbst vom leckersten und teuersten Getränk muss ich etwa einen Fingerbreit im Glas oder in der Flasche zurücklassen. Mich überkommt schon beim Gedanken, diesen kleinen Rest zu trinken, ein totales Ekelgefühl.

321 teilen diesen Spleen

Es darf niemand mit Hosen auf meinem Bett sitzen. Ich ekel mich davor und denke darüber nach, wo man schon alles mit der Hose gewesen ist. Auf Bussitzen, alten Garnituren, und wahrscheinlich hängen noch Hundehaare an der Hose.

186 teilen diesen Spleen

Ich hasse das Quietschen von Styropor. Das verursacht eine ganz heftige Gänsehaut am ganzen Körper.

298 teilen diesen Spleen

Ich kann kein unbearbeitetes Holz (Kochlöffel zum Beispiel) anfassen, ansonsten kriege ich ein Schauergefühl, das nicht mehr weggeht, bis ich mit einem anderen Gegenstand das Gefühl »überschreibe«.

296 teilen diesen Spleen

Ich hasse Kau- und Schmatzgeräusche. Ich finde sie nicht einfach nur abstoßend, ich kriege körperliche Schmerzen, wenn jemand laut isst.

419 teilen diesen Spleen

Wann immer meine Schwiegermutter da war, putz ich danach die komplette Wohnung. Bilde mir ein, ihr Geruch liegt in der Luft und mein Sohn wird in die Wanne gesteckt.

3 teilen diesen Spleen

Sobald die Verpackung vom Käse mehr als zwei Tage auf ist oder die Milchtüte schon länger als zwei bis drei Tage im Kühlschrank steht, schmeiße ich sie weg, egal ob schlecht oder nicht.

24 teilen diesen Spleen

Wenn ich höre, wie jemand eine verschnupfte Nase hochzieht, und ich höre oder sehe nicht, wie er oder sie es wieder runterschluckt, kriege ich ein sehr ungutes Gefühl. Ich denke dann, dass es in meinem Mund ist. Ich weiß nicht warum.

22 teilen diesen Spleen

Aus Angst vor Viren und Bakterien bediene ich öffentliche Automaten nur mit den Fingerknöcheln. Besonders widerlich finde ich Geräte mit Touchscreen, wo die Spuren etlicher Fettfinger so wunderbar zu sehen sind. Ich stelle mir dann vor, wie ein ungepflegter Typ, schweißnass und mit Bratwurst in der Hand, auf dem Bildschirm rumgedrückt hat …

54 teilen diesen Spleen

Wenn ich in Hundekacke trete, kann ich über fünf Kilometer den entsprechenden Fuß über die Straße schleifen, in der Hoffnung, die Scheiße wegzubekommen. Kann währenddessen an nichts anderes denken.

55 teilen diesen Spleen

Ich kann es nicht ertragen, in Bauchnabel zu fassen – auch nicht in meinen eigenen. Wenn da wirklich mal ein Fussel drin ist, muss ich mich beim Versuch, den zu entfernen, fast übergeben. Ich kann auch nicht sehen, wie jemand anders sich im Bauchnabel pult.

62 teilen diesen Spleen

Ich kann weder meinen eigenen noch den Herzschlag von anderen ertragen. So konnte ich schon früher nur in bestimmter Position im Arm meiner Mutter liegen, und heute kann ich zum Beispiel nicht mit dem Kopf auf der Brust meines Freundes liegen, weil man so den Herzschlag hört und spürt. Auch passiert es, dass ich manchmal seitlich liegend meinen eigenen Herzschlag spüre. Dann muss ich mich sofort anders hinlegen.

25 teilen diesen Spleen

Ich hasse Knöpfe! An Mänteln und Jacken kann ich sie noch ansatzweise ertragen, aber bei T-Shirts oder Longsleeves raste ich aus. Ich krieg da sofort eine Gänsehaut!

126 teilen diesen Spleen

Ich kann mich auf keinen gerade erst frei gewordenen Sitzplatz in der Bahn setzen. Die Hinterteilrestwärme eines Fremden ekelt mich an.

333 teilen diesen Spleen

Ich ekele mich ein bisschen vor warmen Mahlzeiten, die andere Leute gekocht haben, selbst bei engen Verwandten oder Freunden, und muss mich zum Essen immer etwas überwinden. Im Restaurant oder in der Kantine ist das dagegen kein Problem.

16 teilen diesen Spleen

Ich kann es nicht ertragen, Kaugeräusche von anderen zu hören. Da muss ich grundsätzlich den Raum verlassen, ansonsten packt mich eine innere Unruhe und ich werde regelrecht aggressiv.

445 teilen diesen Spleen

Ich ekele mich vor den Fäden an Bananen. Erst wenn alle restlos entfernt sind, kann ich anfangen zu essen!

62 teilen diesen Spleen

Wenn ich nur daran denke, dass jemand ein Stofftaschentuch mehrmals benutzt, könnt ich kotzen. Man schnäuzt seinen Schlotz in ein Stofftuch, wickelt es ein und steckt die Dreckschleuder dann auch noch in die Hosentasche, wo man immer wieder mit seinen Händen drankommt. Und dann benutzt man den gleichen vollgesogenen Stofffetzen noch einmal?! Bah, ich muss aufhören.

84 teilen diesen Spleen

Ich hasse Füße! Ich kann auch nicht öffentlich über Füße sprechen.

{ 34 } teilen diesen Spleen

Immer wenn ich jemand beim Nagelfeilen sehe, sei es Freund, Freundin oder eine andere Person, muss ich mich von dieser entfernen, da ich weder das Geräusch des Feilens mag noch das Feilen bei mir. Davon bekomme ich Gänsehaut, auch wenn ich nur daran denke.

{ 67 } teilen diesen Spleen

Wenn in einer Zeitschrift oder einem Buch ein Foto zu sehen ist mit der vergrößerten Aufnahme eines Insekts, muss ich das Bild falten oder abdecken, bevor ich weiterlesen kann.

{ 20 } teilen diesen Spleen

Im Flugzeug trinke ich Tomatensaft. Ich mag Tomatensuppe, Spaghetti und Pizza mit Tomatensauce. Ich könnte niemals eine Tomate essen. Schreckliche Konsistenz.

{ 33 } teilen diesen Spleen

Ich HASSE abgestandene Luft. Deshalb reiße ich immer sofort JEDES Fenster in einem Raum, den ich betrete, auf, auch wenn es − 15 Grad sind und sich alle anderen beschweren.

{ 43 } teilen diesen Spleen

Beim Essen von Capri-Eis habe ich immer extrem Angst vor dem nassen Holzstäbchen. Das Ablecken verursacht schon Gänsehaut am ganzen Körper, am schlimmsten ist aber ein versehentlicher Kontakt mit den vorderen Schneidezähnen.

{644} teilen diesen Spleen

Wenn es auf einem fremden Klo stinkt, zwinge ich mich, durch die Nase zu atmen, auch wenn es durch den Mund geatmet nicht so stinken würde. Aber dann denke ich, wie die Stinkpartikel in meinen Mund gelangen, was für mich der reinste Horror ist.

{193} teilen diesen Spleen

Ich kann keine Pfirsiche anfassen, dann kriege ich Gänsehaut am ganzen Körper.

{20} teilen diesen Spleen

Ich atme im Wartezimmer beim Arzt immer ganz vorsichtig durch die Nase, damit ich nicht zu viele Bakterien der anderen Seuchenvögel filtere. Wenn dann irgendeiner hustet, versuche ich, gar nicht mehr zu atmen.

{87} teilen diesen Spleen

Wenn ich im Hotel übernachten muss, nehme ich immer einen Überzug für eine Bettdecke von zu Hause mit, in den ich nachts krabbeln kann, um so den Kontakt mit Bettlaken und Bettdecke zu vermeiden. Allein der Gedanke daran, fremde Haare zu berühren, macht mich fertig!

5 teilen diesen Spleen

Wenn ich mir die Fingernägel geschnitten habe, kann ich keinen Stoff mit den Fingerspitzen anfassen, weil ich das Gefühl nicht ertragen kann.

51 teilen diesen Spleen

Immer wenn ich in der Stadt an (mir unbekannten) Menschen vorbeigehe, die dick oder ungepflegt aussehen, halte ich die Luft an oder atme nur durch den Mund, bis die Person an mir vorüber ist.

133 teilen diesen Spleen

Wenn ich ein Glas Rotwein trinke, finde ich meinen eigenen Mundabdruck am Glasrand eklig bzw. sehr unschön. Darum drehe ich nach jedem einzelnen Schluck Wein das Glas am Stiel ein kleines bisschen, so dass ich immer woanders am Rand trinke. Am Ende ist natürlich das GESAMTE Glas total eklig und angegrabbelt.

10 teilen diesen Spleen

Ich kann die ausgespuckte Zahnpasta von anderen Leuten nicht ansehen. Da wird mir total übel. Zum Schutz sage ich immer im Kopf vor mich hin: »Du siehst jetzt nicht ins Waschbecken!«

{40} teilen diesen Spleen

Immer wenn ich etwas aus einer Flasche trinke, lasse ich die zwei letzten Schlucke drin. Ich habe Angst, dass sich darin Bakterien gesammelt und vermehrt haben.

{15} teilen diesen Spleen

Ich mag nicht auf Gewimmel schauen, etwa Käse mit ganz vielen Löchern wie Tilsiter oder das Gewimmel eines Ameisenhaufens. Dabei wird mir körperlich unwohl.

{5} teilen diesen Spleen

Ich muss beim Schieben des Einkaufswagens oft daran denken, wie viele Menschen vor mir diesen Wagen schon geschoben und angefasst haben, male mir die ekligsten Dinge aus, was der »Vorbenutzer« an seinen Händen gehabt haben könnte, und frage mich, ob die Discounter die Kontaktflächen eigentlich regelmäßig desinfizieren.

{253} teilen diesen Spleen

Wenn jemand aus meiner Familie zu viel Butter auf dem Messer hat und er es am Rand der Dose abstreift, ekelt es mich sehr. Die Folge ist, dass ich dieses bisschen Butter unter keinen Umständen auf mein Brot machen könnte.

23 teilen diesen Spleen

Ich halte es nicht aus, wenn ich eine Zeitschrift lese und mich auf einem Bild eine Person direkt ansieht, dann muss ich immer meine Hand aufs Foto legen.

44 teilen diesen Spleen

In Straßenbahnen und Bussen versuche ich, möglichst keine der Haltestangen anzufassen. Wenn es doch mal nicht vermeidbar ist, recke und bücke ich mich lieber, um die Stange ganz weit oben beziehungsweise ganz weit unten anzufassen, als mich auf der üblichen, bakterienverseuchten Höhe daran festzuhalten.

756 teilen diesen Spleen

Ich kann keine offenen Lebensmittel aus dem Kühlschrank essen. Nur wenn sie noch in der Originalverpackung und vor meinen Augen geöffnet werden, kann ich die Lebensmittel daraus essen.

187 teilen diesen Spleen

Wenn ich woanders übernachte, muss ich immer mein eigenes Handtuch mitnehmen. Ich finde es furchtbar fies, fremde Handtücher benutzen zu müssen, auch in Hotels.

43 teilen diesen Spleen

Wenn ich jemanden sehe, der vor dem Umblättern einer Zeitung oder beim Griff nach einem Blatt Papier den Finger abschleckt, dann wird mir richtig übel. In Läden, in denen Verkäuferinnen den Finger schlecken, bevor sie etwas einpacken, kann ich nicht einkaufen. Wenn ich gut drauf bin, sage ich auch offen: »Jetzt will ich es nicht mehr haben«, begründe das dem verdutzten Personal und gehe.

78 teilen diesen Spleen

Ich muss immer lange Hosen und Socken anziehen, auch an heißen Sommertagen, da ich es hasse, meine nackten Füße und Beine zu sehen. Im Freibad, wenn ich auf der Liegewiese bin, bedecke ich mich deswegen auch mit einem Handtuch.

12 teilen diesen Spleen

Wisst ihr, warum im Waschraum der Toiletten immer so viel Papiertücher oder Klopapier vor dem Ausgang liegen? Das liegt an Menschen wie mir. Ich mag es nicht, den Griff anzufassen, wegen den Leuten, die sich nicht die Hände waschen. Also nehme ich ein Stück Papiertuch und greife damit an den Griff. Wenn die Tür dann offen ist, lasse ich das Papiertuch einfach los oder werfe es seitlich von mir.

(10) teilen diesen Spleen

Wenn ich in der Stadt Menschen sehe, die husten oder niesen müssen, halte ich einen Sicherheitsabstand von mehreren Metern ein und halte die Luft an.

(446) teilen diesen Spleen

Immer wenn jemand anders einen Schluck aus meiner Flasche nimmt, muss ich die Flaschenöffnung danach mit meiner Hand abwischen.

(543) teilen diesen Spleen

Ich kann mich nur auf meiner eigenen Toilette hinsetzen. Vor fremden Toiletten, auch wenn sie sauber aussehen und bei Freunden in der Wohnung stehen, ekelt es mich.

(54) teilen diesen Spleen

Ich kann keine Watte anfassen. Da zieht sich bei mir alles zusammen, am schlimmsten ist es, wenn ich Watte zerpflücke, was ich seit Jahren nicht mehr gemacht habe. Absolut unerträglich!

(5) teilen diesen Spleen

Immer wenn jemand gähnt, ohne sich die Hand vor den Mund zu halten, visualisiere ich den ausgestoßenen Atem der Person und stelle mir vor, wie die vielen 1000 Keime in der Luft umherschwirren. Das macht mich wahnsinnig.

{ 18 } teilen diesen Spleen

Öffentliche Türen mit langem Griff öffne ich, indem ich den Griff immer möglichst weit oben anfasse.

{ 54 } teilen diesen Spleen

Ich ertrage manchmal keine Berührungen. Umarmen darf mich längere Zeit sowieso nur mein Freund. Selbst meine Mutter darf mich nur kurz drücken.

{ 7 } teilen diesen Spleen

Wenn ich an Menschen vorbeigehe und mir diese rein äußerlich unsympathisch sind, halte ich kurz die Luft an, damit ich ihren Geruch (Parfüm, Rauch, Schweiß etc.) nicht einatmen muss.

{ 354 } teilen diesen Spleen

Ich kann mich nicht auf warme Klobrillen setzen, noch nicht einmal zu Hause, dann lege ich immer Klopapier drauf, einfach weil ich mich so sehr vor den Bakterien ekle von demjenigen, der vor mir wohl draufsaß.

{ 311 } teilen diesen Spleen

Das Geräusch, das entsteht, wenn beim Essen Besteck gegen die Zähne stößt, verursacht bei mir Ekel-Gänsehaut.

76 teilen diesen Spleen

Ich benutze immer den Fingerknöchel, wenn ich Knöpfe drücken muss, die viele Menschen betätigen, etwa am Fahrkartenautomat, Aufzug oder Klingel.

667 teilen diesen Spleen

Vor dem Öffnen einer Getränkedose muss ich immer einmal auf den Verschluss pusten, um sie von grobem Dreck zu befreien, auch wenn sie augenscheinlich sauber ist.

51 teilen diesen Spleen

Zahlen

Unter anderem kann man die Weltbevölkerung auch in Mathepfeifen und Zahlenmenschen unterteilen. Der Zahlenmensch verfügt über ein überdurchschnittlich hohes mathematisches Verständnis, ist aber auch anfällig für eine gewisse zahlenbezogene Besessenheit. Das kann der Hang zur Lieblingszahl sein oder die Leidenschaft für eine bestimmte Zahlengruppe. Ebenso viele Spleen-Einreicher bekennen sich zum nackten Hass gegenüber bestimmten Zahlen, Zahlenreihenfolgen oder deren Multiplikatoren und Divisoren. Ja, es ist kompliziert. Und es wird noch komplizierter. Der Anspruch des Projekts Spleen24 bestand auch darin, den exotischsten und verkopftesten Eigenarten ein Forum zu geben. Befreien Sie sich also vom Druck, jeden einzelnen Zahlen-Spleen zu verstehen. Lassen Sie sich lieber davon faszinieren, was Zahlenmenschen so umtreibt.

Ich stelle den Lautstärkeregler des Autoradios immer auf eine gerade Zahl. Selbst wenn es dann eigentlich zu laut oder zu leise ist und 17 genau richtig wäre, tippe ich auf 16 runter.

180 teilen diesen Spleen

Ich zähle beim Trinken immer die Schlucke. Die Anzahl darf immer nur so hoch sein, dass ich mein gegenwärtiges Alter durch diese Zahl teilen kann. Schlimm wird es bei Primzahlen, da muss ich beim Trinken Kompromisse eingehen.

78 teilen diesen Spleen

Ich zähle von vorbeifahrenden Zügen immer die Waggons.

341 teilen diesen Spleen

Immer wenn ich die Zahl 64 sehe, geht's mir spontan gut und ich freu mir den Arsch ab. Das finden die Leute in meiner Umgebung so witzig, dass sie mittlerweile auch damit anfangen oder mir 64 auf Geschenke draufkleben. So komme ich gar nicht daran vorbei, mich über das Geschenk zu freuen!

12 teilen diesen Spleen

Bevor ich einschlafen kann, muss ich aus den Zahlen auf dem Wecker eine sinnvolle Gleichung basteln können. 23:14 Uhr ist ideal, denn ich kann rechnen 2+3=5−1=4, aber 23:20 Uhr geht gar nicht, da ich keine Gleichung zusammenkriege.

{ 10 } teilen diesen Spleen

Immer wenn mir langweilig ist, meist jedoch beim Autofahren, fange ich an zu rechnen. Durchschnittsgeschwindigkeit in km/h und m/s, Ankunftszeit bei gleichbleibendem Durchschnitt, Ankunftszeit bei einer Erhöhung von x, Spritkosten pro km etc. Das beruhigt mich ungemein, und die Zeit vergeht schneller.

{ 36 } teilen diesen Spleen

Ich esse mit System. Beispielsweise Toffifee müssen so nach und nach aus der Packung gegessen werden, dass die übriggebliebenen mit den freien Stellen ein Muster ergeben. Oder Kekse, die aufgeteilt in Packungen liegen (4 − 4 − 4), muss ich so essen, dass weiterhin eine Regelmäßigkeit zu erkennen ist: 3 − 2 − 3.

{ 126 } teilen diesen Spleen

Ich kann die Zahl 14 nicht leiden. Ich bin Typograph; wenn ich Layouts mache und Texte setze, vermeide ich unter allen Umständen die Schriftgröße 14.

{ 4 } teilen diesen Spleen

Wenn ich ein Wort länger anschaue, zähle ich manchmal die Buchstaben und versuche, die Zahl zu teilen, und freue mich besonders bei Zahlen, die durch möglichst viele andere Zahlen teilbar sind.

Erhalte ich eine Primzahl, teile ich die Worte mit gedachten Strichen so, dass (mit Blick auf die Anzahl der Buchstaben zwischen den Strichen) ein symmetrisches Bild entsteht, etwa »sch | n | ell | e | res«.

 **3** teilen diesen Spleen

Nummern müssen eine Mischung aus rund und eckig sein. 36 ist zum Beispiel doof, 21 hingegen ist eine schöne Zahl. Deswegen mag ich 7 und 1. Man kann sie so gut mit anderen Zahlen kombinieren, und es sieht trotzdem schlicht und schön aus.

12 teilen diesen Spleen

Ich zähle beim Lesen ständig unbewusst die Anzahl der Buchstaben eines Wortes und freue mich innerlich, wenn sich die Anzahl der Buchstaben in gleich große Gruppen teilen lässt, ohne dass eine Restmenge übrig bleibt. Am Ende eines Satzes weiß ich sofort, aus wie vielen Buchstaben dieser besteht.

18 teilen diesen Spleen

Ich muss immer alles zählen, schätzen oder ausrechnen. Am liebsten in Prozent – und das nicht nur einmal, sondern nach jedem kleinen Fortschritt. Wie viel Prozent der Strecke bin ich schon gejoggt, meiner Schokolade sind leer, des Tages kann ich noch schlafen, meiner Arbeitszeit ist vorbei, habe ich schon für die Klausur gelernt, der Zutaten sind schon im Teig?

17 teilen diesen Spleen

Ich errechne aus Zahlen beliebiger Länge immer die Quersumme. Falls diese immer noch mehrstellig ist, wieder die Quersumme, bis sie einstellig ist, um dann zu überprüfen, ob die errechnete Ziffer in der ursprünglichen Zahl enthalten ist. Wenn ja, empfinde ich dies als Erfolg.

10 teilen diesen Spleen

Ich muss, wenn ich in ein fremdes Zimmer komme, wo Schränke drinstehen, sofort die Anzahl der Türen und Griffe zählen, und wenn die nicht mit einer geraden Zahl enden, fühle ich mich nicht wohl.

8 teilen diesen Spleen

Immer wenn jemand ein Datum nennt, das schon einige Jahre her ist, muss ich unwillkürlich nachrechnen, wie alt ich zu dem Zeitpunkt war und was ich da gerade gemacht habe oder welche Situation gerade in meinem Leben war.

100 teilen diesen Spleen

Beim Sport mache ich immer 44, 64 oder 104 Wiederholungen einer Übung. Denn ich habe Angst, es die paar Mal vorher nicht absolut korrekt durchgeführt zu haben. So bin ich am Ende sicher und beruhigt, dass ich garantiert 40, 60 oder 100 Wiederholungen definitiv richtig gemacht habe. Fünf mehr gehen aber nicht, weil ich dann schon wieder bis zum nächsten vollen Zehner wiederholen müsste.

 9 teilen diesen Spleen

Ich stelle meinen Wecker immer auf eine Primzahl. Für sämtliche Zeiten, die ich mir selber setze, etwa, wann ich das Haus verlasse, nehme ich immer Primzahlen.

 4 teilen diesen Spleen

Beim Tanken muss ich immer für einen vollen oder halben Euro-Betrag tanken, damit ich beim Bezahlen an der Kasse nicht viel Kleingeld brauche – obwohl ich immer mit der EC-Karte bezahle.

 35 teilen diesen Spleen

Wenn in einem Zeitungs- oder Zeitschriftenartikel das Alter von Eltern und ihren Kindern angegeben ist, rechne ich grundsätzlich aus, wie alt die Leute waren, als sie ihren jeweiligen Nachwuchs bekommen haben. Ähnlich ist es bei Todesanzeigen – die kann ich nicht anschauen, ohne auszurechnen, wie alt der Verstorbene werden durfte.

139 teilen diesen Spleen

Wenn ich Zahlenkombinationen sehe, die meinem Geburtstag gleichen, also es 22:09 Uhr ist (am 22.09. hab ich Geburtstag) oder eine Kundennummer 2209 beinhaltet, freue ich mich tierisch.

92 teilen diesen Spleen

Ich lasse meine Uhren stets auf Sommerzeit stehen und stelle sie außerdem immer sieben Minuten vor, was mir das tolle Gefühl gibt, dass ich ja noch mehr Zeit habe, als ich dachte, und mir den ganzen Winter gute Laune bereitet, wenn ich früh aufstehen muss, weil ich denke, Mensch, im Sommer wäre es jetzt schon acht!

8 teilen diesen Spleen

Ich stelle meinen Wecker immer eine Minute später als auf eine volle Stunde. Zum Beispiel habe ich immer das Gefühl, länger schlafen zu können, wenn ich meinen Wecker auf 10:01 Uhr stelle.

17 teilen diesen Spleen

Ich muss beim Treppenlaufen IMMER die Stufen zählen. Selbst zu Hause, wo ich jeden Tag mehrmals hoch- und runtergehe. Sollte ich mich doch verzählt haben, sage ich bei der letzten Stufe trotzdem die richtige Nummer.

212 teilen diesen Spleen

Ich kann alles nur zu geraden Uhrzeiten angehen. Den PC ausschalten, Mittagspause machen, aufs Klo gehen, anfangen, Essen zu kochen. Ist es zum Beispiel 19:37 Uhr und ich muss extrem dringend aufs Klo, warte ich trotzdem bis 19:38 Uhr. Ist der Zeitpunkt allerdings so nah an 00, 15, 30 oder 45, warte ich lieber auf die volle viertel Stunde.

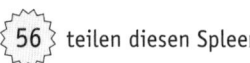 teilen diesen Spleen

Ich kann immer nur zu vollen Stunden schlafen gehen. Wenn ich es um 04:00 Uhr nicht schaffe, dann muss ich halt irgendwie noch eine Stunde totschlagen, bis ich mich dann um 04:50 Uhr ins Bett legen und gegen fünf einschlafen kann.

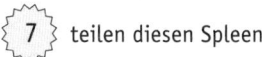 teilen diesen Spleen

Die Zahlen auf einem Auto-Nummernschild versuche ich untereinander durch die vier Grundrechenarten auf null zu rechnen.

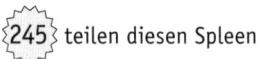 teilen diesen Spleen

Wenn mir langweilig ist, dann schaue ich in einem Raum gerne an die Decke und zähle irgendwelche Dinge. Die Lampe bei meinem Zahnarzt ist zum Beispiel in drei Spalten und 17 Zeilen unterteilt, es gibt also 51 Segmente. Wenn ich das dann weiß, ist erst mal alles wieder gut.

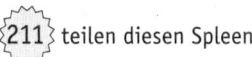 teilen diesen Spleen

Bei Veranstaltungen oder im Flugzeug versuche ich immer, die Anzahl der anwesenden Personen festzustellen. Sind Sitze vorhanden, zähle ich zunächst diese, was fast immer sehr genau möglich ist, und ziehe dann die nicht besetzten Stühle ab (Überschlagsrechnung). Dann errechne ich auch noch die Einnahmen des Veranstalters.

{343} teilen diesen Spleen

Beim Fernseher muss die Lautstärke immer glatt durch fünf teilbar sein, sonst drehe ich am Rad. Meistens ist das dann viel zu laut, aber ich kann wenigstens in Ruhe gucken. Wenn jemand anders die Lautstärke einstellt, muss ich das dann noch mal korrigieren.

{167} teilen diesen Spleen

Wenn ich durch die Straßen laufe, muss ich immer aus den Zahlen eines Nummernschildes Gleichungen bilden, zum Beispiel beim Nummernschild B-AF-392 könnte eine Gleichung $3\char`^2=9$ sein. Ich kann mich dagegen nicht wirklich wehren; sobald ich ein Nummernschild sehe, fängt mein Gehirn automatisch an, diese Gleichungen zu bilden.

{67} teilen diesen Spleen

Jedes Mal wenn ich auf dem Klo sitze, muss ich die Bodenfliesen zählen. Erst die x-Achse, dann die y-Achse. Dann multiplizieren für die Gesamtzahl. Dauert es länger, zähle ich auch noch die Wandfliesen, sofern vorhanden. Toiletten, auf denen ich noch nicht war, sind natürlich spannender als immer die gleichen zu Hause oder in der Firma.

{ 68 } teilen diesen Spleen

Ich habe im Studium eine Schwäche für Zahlenfolgen entwickelt. Inzwischen führe ich diese in Gedanken immer weiter. Dabei haben es mir besonders die Fibonacci-Folge und die Zweier-Potenzen-Folge angetan. Außerdem erkenne ich fast automatisch in jeder Zahlenfolge ein Muster, und wo keines ist, schaffe ich mir eines.

{ 8 } teilen diesen Spleen

Ich liebe schöne Zahlenkombinationen bei Uhrzeiten, also etwa 11:12 oder 23:22 oder 14:41.

{ 7 } teilen diesen Spleen

Sonstiges

Ohne Ordnung, Sortierung und Kategorisierung fürchtet der Mensch, im Chaos zu versinken. Nackt. Doch der Wahnsinn lässt sich in keine Schublade stecken. Im letzten Kapitel folgen nun sämtliche Spleens, die sich nicht vermessen und einsortieren lassen.

Sie waren bis hier sehr tapfer. Noch ein Kapitel und es ist geschafft.

Wenn ich mir etwas Kompliziertes erklären lasse, denke ich manchmal schlagartig an etwas anderes und höre nicht zu. Bei der Nachfrage, ob ich verstanden hätte, verneine ich und passe dann wieder nicht auf.

{ 58 } teilen diesen Spleen

Manchmal merke ich mir bewusst die sinnlosesten Informationen, für den Fall, dass ich jemals bei »Wer wird Millionär?« mitmachen sollte.

{ 88 } teilen diesen Spleen

Ich kann rechts und links nicht unterscheiden. Immer wenn ich schnell entscheiden muss, wo rechts oder links ist, bin ich überfordert. Habe ich ein paar Sekunden Zeit zum Nachdenken, klappt es. Das habe ich seit meiner Kindheit, mein Bruder und mein Vater auch. Oben und unten klappt prima.

{ 111 } teilen diesen Spleen

Fühle ich mich von einer Person unfair behandelt, zeige ich ihr gleich mehrfach heimlich den Stinkefinger. Ob unter einem Tisch oder hinter einem Buch versteckt.

{ 37 } teilen diesen Spleen

Ich höre Lieder nie zu Ende. Auch nicht die, die ich mag. Ich schalte vorher weiter. Wenn ich es verpenn, höre ich das Lied noch mal, beim Radio habe ich dann schlechte Laune, weil meistens einer das Ende vom Lied kaputtlabert.

9 teilen diesen Spleen

Wenn meine Freunde zu Besuch sind und Leute mitbringen, die sich benehmen wie Vollaffen, frage ich immer ganz höflich, ob sie ein Bier wollen. Dann gehe ich zum Kühlschrank, mache eine Flasche auf, kratze mir einen Popel aus dem Zinken und schmiere ihn vorsichtig in den Flaschenhals. Danach kann ich die ungebetenen Gäste ganz gut ertragen.

8 teilen diesen Spleen

Wenn ich neben einer Person herlaufe, kann ich es nicht leiden, wenn die Person nicht im Gleichschritt läuft. Ich muss dann immer einmal springen, damit wir den gleichen Fuß zuerst aufsetzen.

40 teilen diesen Spleen

Ich singe englische Popsongs, die im Radio laufen, simultan auf Deutsch mit, achte dabei aber auf eine direkte Übersetzung jedes einzelnen Wortes, damit es sich so richtig bescheuert anhört. So übersetze ich beispielsweise »Baby« mit »Säugling«.

47 teilen diesen Spleen

Wenn ich etwas wegräume, überlege ich mir extra den besten, logischsten Platz, damit ich es später sofort wiederfinden kann. Wenn ich es irgendwann brauche, dann weiß ich noch, dass ich den perfekten Platz gefunden hatte, aber nicht mehr, wo es ist.

190 teilen diesen Spleen

Ich, männlich, Mitte 30, 1,93 Meter groß, heule mich fast jeden Abend in den Schlaf, weil ich die einzige Person in meinem Freundes- und Bekanntenkreis bin, die es im Leben zu nichts, absolut nichts gebracht hat. Selbstmitleid *galore*? Durchaus.

7 teilen diesen Spleen

Mir fallen gerade immer dann Namen nicht ein, wenn ich die betreffende Person ansprechen will.

127 teilen diesen Spleen

Wenn ich ein Mädchen oral befriedige, schreibe ich mit meiner Zunge kleine Buchstaben auf ihre Klitoris. Ich finde Monotonie im Bett kacke, und so sind meine Zungenbewegungen für das Mädchen immer spontan und es kommt ganz gut an. Ich schreibe immer das, was mir in dem Moment durch den Kopf geht, und natürlich ist das Ganze fern von jeglicher Erotik – deshalb schäme ich mich ein bisschen.

1 teilt diesen Spleen

Ich tanze durch meine Wohnung und spacke ab, wenn ich alleine bin. Ich rufe dann »yeah!« oder »geil« durch die Gegend. Bin zwiegespalten, finde mich seltsam und zugleich megacool.

37 teilen diesen Spleen

Auf eine bestimmte Art mag ich peinliche Stille. Immer wenn peinliche Stille entsteht, koste ich sie aus und beobachte meine Mitmenschen, wie sie darunter leiden. Ich fühle mich irgendwie überlegen, wenn die Stille die anderen, aber nicht mich tangiert.

17 teilen diesen Spleen

Obwohl ich eine Freundin und ein überaus abwechslungsreiches und ausgewogenes Sexleben habe, muss ich mich mindestens dreimal am Tag selbst befriedigen. Dies geschieht meist an ganz unterschiedlichen Orten, es gibt wenig Orte, wo ich es noch nicht getan habe.

7 teilen diesen Spleen

Ich (w) gucke Männern oft unbewusst auf den Schritt. Mir fällt es dann immer direkt dabei auf, und das ist mir dann peinlich und ich hoffe, dass es niemand bemerkt. Wenn man dann versucht, nicht mehr draufzugucken, dann guckt man hundertprozentig wieder drauf! Ein Teufelskreis.

39 teilen diesen Spleen

Wenn ich mich unsicher fühle, googel ich Leute aus meiner Vergangenheit. Schulfreunde, Exfreundinnen, Arbeitskollegen. Und egal, was die im Moment so machen, ich bilde mir immer ein, dass ich halt einfach alles besser mache. Dann geht's mir wieder gut.

{ 6 } teilen diesen Spleen

Ampelschalter werden von mir nicht bloß einmal sacht betätigt, sondern ich bearbeite sie so lange, bis die Ampel dann endlich Grün zeigt. Irgendwie habe ich dadurch das Gefühl, dass es schneller geht und das Ding mein Drücken auch tatsächlich erkannt hat.

{ 88 } teilen diesen Spleen

Jedes Mal wenn ich im Urlaub ganz unmöglich angezogene Menschen sehe, gehe ich näher ran und freue mich, wenn es wirklich Deutsche sind.

{ 37 } teilen diesen Spleen

Wenn ich ein neues Paar Schuhe habe, welches ich (meist witterungsbedingt) noch nicht draußen getragen habe, trage ich es zu Hause, wie Hausschuhe.

{ 52 } teilen diesen Spleen

Wenn ich wieder ewig auf den Fahrstuhl warten musste und er dann endlich kommt, drücke ich nicht nur auf »meinen«, sondern auf alle Knöpfe, damit andere auch warten müssen.

12 teilen diesen Spleen

Ich schaue mir manchmal auf WG-gesucht.de Anzeigen an, um zu sehen, wie andere Menschen wohnen.

61 teilen diesen Spleen

Wenn ich mit jemandem einen Film gucke, den ich schon gesehen habe und super finde, dann will ich, dass die Person keine Sekunde verpasst. Wenn die Person dann einen Moment unaufmerksam ist oder gar redet, empfinde ich das als persönliche Beleidigung, so als wäre es mein eigener Film.

229 teilen diesen Spleen

Wenn ich auf eine öffentliche Toilette gehe und diese noch vom Vorgänger unangenehm riecht, halte ich so lange wie möglich die Luft an. Als Hilfe halte ich mir mit der Hand die Nase und den Mund zu. Wenn überhaupt, atme ich ganz kurz durch den Mund. Mir wurde davon auch schon schwindelig, jedoch habe ich Angst, dass bei mir die übel-riechenden Gase innerliche Schäden anrichten könnten.

190 teilen diesen Spleen

In meinem gut sortierten DVD/BluRay-Regal stehen bestimmt 70 bis 100 Filme, aber ich habe selten Lust, einen zu schauen. Läuft dann einer dieser Filme abends im TV, wird der Film aber geschaut ... inklusive Werbung.

117 teilen diesen Spleen

Ich werde wahnsinnig schnell süchtig, und genauso schnell verliere ich komplett das Interesse an bestimmten Aktivitäten. Es gab eine Phase, da habe ich tatsächlich stundenlang *Minesweeper* gespielt, aber nach ein paar Tagen war das Spiel völlig langweilig für mich. Dann hab ich ein paar Wochen wahnsinnig gerne Dart gespielt, habe Pfeile und Scheibe gekauft und prompt das Interesse verloren. So geht es mir bei fast allen Hobbys, aber wenigstens ist da Abwechslung drin.

67 teilen diesen Spleen

Wenn ich den Fernseher ausmache, muss ich zuletzt immer einen »seriösen« Sender einstellen, auch wenn ich gerade irgendeinen Schrott geschaut habe. Sonst könnte jemand, der nach mir den Fernseher wieder anstellt, merken, dass ich Schrott geguckt habe.

66 teilen diesen Spleen

Ich denke sehr oft über die Bedeutung oder Entstehung von Wörtern nach und stelle fest, wie schräg oder trivial sie doch sind. Zum Beispiel, dass Fernseher eigentlich bedeutet, dass man damit in die Ferne sieht. Manche Wörter sage ich auch zigmal vor mich hin und muss dann lachen, weil mir auffällt, wie blöd unsere Sprache eigentlich klingt.

{171} teilen diesen Spleen

Sobald ich eine Fernsehserie zu Ende gesehen habe, bekomme ich ein Gefühl der inneren Leere. Dann denke ich: »Und jetzt? Wie soll das Leben weitergehen?« Obwohl es doch nur eine Fernsehserie ist.

{104} teilen diesen Spleen

Wenn ich gerade etwas zerstreut bin: Joghurtbecher ins Spülbecken, Löffel in die Mülltonne.
Kurz bevor meine Hand den Löffel loslassen möchte, fällt meinem Gehirn der motorische Fehler auf.

{87} teilen diesen Spleen

Wenn ich mit der Bahn fahre, versuche ich mich immer so hinzustellen, dass die Tür genau vor mir öffnet. Wenn ich mich dann absolut verschätzt habe, laufe ich auch hinter einer Tür hinterher.

{57} teilen diesen Spleen

Um einen Buchstaben im Alphabet zu finden, muss ich es leise vorsagen oder sogar singen.

{325} teilen diesen Spleen

Oft.wenn ich an eine sehr unangenehme Situation zu-
rückdenke, muss ich meinen Kopf schnell schütteln, um
diesen Gedanken aus meinem Kopf zu bekommen. Das
mache ich aber nur, wenn ich alleine bin.

{134} teilen diesen Spleen

Immer wenn ich einen Flashback habe und mich an ein
peinliches Ereignis aus meiner Vergangenheit erinnere,
muss ich sofort laut singen oder reden, um den Gedanken
zu vertreiben oder zu übertönen – mit zweifelhaftem
Erfolg.

{66} teilen diesen Spleen

Ein Spleen, den ich wohl von meiner Großmutter geerbt
habe: Geschenke kann ich nicht einfach aufreißen. Jede
Schleife im Geschenkband wird aufgeknotet, selbst wenn
es zehn Minuten dauert. Dann das Klebeband ganz vorsichtig vom Geschenkpapier gelöst. Dann das Papier so
vorsichtig wie möglich aufgefaltet. Selbst wenn ich noch
so neugierig auf ein Geschenk bin – und den Schenken-
den kann das leider auch in den Wahnsinn treiben.

{188} teilen diesen Spleen

Ich kann nicht unbeschäftigt bleiben. Ich muss meistens
zwei Dinge auf einmal machen. Ich kann zum Beispiel
nicht einfach nur essen. Entweder muss ich mich dabei
mit jemandem unterhalten, fernsehen oder lesen. Wenn

ich ferngucke, muss ich zum Beispiel immer noch sinnlose Handyspiele spielen.

99 teilen diesen Spleen

Wenn ich mit meinem 15 Jahre alten Hund Gassi gehe, ist er mir immer zu langsam. Deshalb laufe ich vor, und wenn ich einen größeren Vorsprung habe, laufe ich wieder zu ihm zurück und dann wieder in die Laufrichtung. So kann es sein, dass ich 6 km gelaufen bin, mein Hund aber nur drei. Normalerweise ist das ja umgekehrt.

1 teilt diesen Spleen

Wenn hinter mir eine Person mit klappernden Absätzen geht, muss ich stehen bleiben und diese Person vorbeilassen; vor mir ist das Klappern leichter zu ertragen.

12 teilen diesen Spleen

Vor manchen Partys oder Treffen muss ich mich sehr überwinden, um hinzugehen und nicht unter irgendeinem Vorwand abzusagen. Erstaunlicherweise sind diese Feiern oft die besten. Beim nächsten Mal fällt es mir trotzdem genauso schwer.

119 teilen diesen Spleen

Wenn ich etwas in der Wohnung suche, dann benenne ich oft alle Gegenstände, die ich sehe. Ich suche den Klebestift, dann stehe ich vor dem Schreibtisch und sage »Locher«, »Bleistift«, »Radierer«, »eine hässliche Tasse«, »mein Rechner«.

{ **8** } teilen diesen Spleen

Ich zocke so viel, dass ich, wenn ich draußen bin, permanent denke: »Verdammt geile Graphik!« Besonders dann, wenn ich am Wasser entlanggehe.

{ **12** } teilen diesen Spleen

Ich muss immer in vorbeikommende Kinderwagen reinschauen. Wenn ich das Kind nicht sehen kann, bin ich schwer enttäuscht.

{ **6** } teilen diesen Spleen

Es gibt schöne Schuhe, die ich unbedingt kaufen muss, die ich aber garantiert nie anziehe. Hauptsache, ich habe sie und sie bleiben neu im Karton.

{ **8** } teilen diesen Spleen

Wenn im Fernseher eine Gewinnspielfrage kommt, sage ich mit Absicht die falsche Antwort und lache laut, auch wenn ich alleine bin.

{ **52** } teilen diesen Spleen

Ich bin verrückt nach Schaum! Beim Duschen, beim Putzen, beim Baden … Je mehr Schaum, desto besser. Wenn ich zum Beispiel Geschirr spüle, mische ich Spüli mit Wasser, anstatt es direkt auf das Geschirr tropfen zu lassen. Dabei spiele ich unauffällig mit dem Schaum, der dabei entsteht.

 teilen diesen Spleen

Ich tausche im Supermarkt gerne das erste gegen das zweite Produkt in der Reihe aus, so dass Leute (wie ich), die immer nach hintenstehenden Produkten greifen, trotzdem das meistangefasste kaufen …

 teilen diesen Spleen

Wenn ich unterwegs bin und asozial aussehende Leute mit Kindern sehe, folge ich ihnen, in der Hoffnung, dass die Kinder richtig bekloppte Namen haben und die Eltern sie irgendwann mal erwähnen, damit ich mich dann noch tagelang darüber lustig machen kann.

 teilen diesen Spleen

Wenn ich ein neues Lieblingslied finde, höre ich es rauf und runter. Sobald ich es aber jemand anders vorspiele, finde ich das Lied richtig doof und höre es danach nie wieder.

 teilen diesen Spleen

Die längsten Minuten meines Lebens sind die, wenn ich als Zweite an der Supermarktkasse stehe und darauf warte, dass ich dran bin, und mehr als zwei Leute hinter mir stehen. Das macht mich so nervös, dass ich dann meistens bargeldlos bezahle, um der Verkäuferin nicht mein feuchtes Geld in die Hand drücken zu müssen.

{ 12 } teilen diesen Spleen

Manchmal muss ich an irgendeine lustige Situation denken, die oft schon Jahre her ist, und dann fang ich plötzlich zu lachen an, ohne mich daran zu stören, was jetzt die anderen von mir denken, da ich ja scheinbar grundlos lache.

{ 28 } teilen diesen Spleen

Zeitschriften kann ich nicht sofort entsorgen. Meist kaufe ich neue Hefte, lese aber nur wenige Artikel und bewahre sie trotzdem mindestens acht Jahre lang auf.

{ 7 } teilen diesen Spleen

Ich liebe es, in Kaufhäusern und Geschäften geräuschlos zu furzen.

{ 40 } teilen diesen Spleen

Ich kann Dinge einfach nicht zu Ende bringen. Oft fange ich etwas an und höre dann mittendrin einfach auf.

{ 9 } teilen diesen Spleen

Mein Hund hat einen sehr schönen Namen. Trotzdem nenne ich ihn fast nur bei einem seiner Spitznamen, von denen es über 100 gibt. Sie sind teilweise aus seinem eigentlichen Namen abgeleitet, teilweise aber auch völlig absurd und aus einer spontanen Idee geboren.

2 teilen diesen Spleen

Wenn ich auf einem Bahnsteig stehe und auf den Zug oder die S-Bahn warte und der sich nähert, dann habe ich den unwiderstehlichen Drang, auf die Gleise zu springen, und bin jedes Mal erleichtert, dass ich es unterdrücken konnte.

188 teilen diesen Spleen

Schlusswort

So, das war's erst mal. Sie haben sich erfolgreich durch sehr viel Irrsinn gelesen und hoffentlich hin und wieder »Ich auch« gerufen. Falls das der Fall ist, habe ich eine gute Nachricht: Sie sind völlig normal. Und falls Ihnen diese Sammlung nicht reicht: Spleen24 ist natürlich weiterhin online und wächst jeden Tag.

Und weil ich es meiner Frau versprochen habe, hier eine Auswahl meiner persönlichen Spleens:

Wenn ich nervös bin, reiße ich mir die Nasenhaare raus.

Ich teste im Spiegel sexuell aktivierende Blicke.

Ich ergötze mich an meinen eigenen Asi-Rülpsern, wenn ich alleine bin.

Ich ertrage keinen Fleck auf weißen Turnschuhen und kaufe mir jeden Monat ein neues Paar der gleichen Marke.

Und jetzt noch ein wenig Pathos zum Abschluss: Bleiben Sie, wie Sie sind.

Dank

Danke an alle Bekloppten.

Nichts ist lustiger als die Wirklichkeit

Joab Nist

WELLENSITTICH ENTFLOGEN. FARBE EGAL

Kuriose Zettelwirtschaft

ISBN 978-3-548-37433-8
www.ullstein-buchverlage.de

Sie hängen an Kreuzungen, an Haltestellen und in Hauseingängen: witzige, kreative und kryptische Zettel. Sie erzählen von der Liebe, von Döner-Köchen, verlorenen Kleinoden, den Problemen beim Zusammenleben und dreibeinigen Katzen.
Eine höchst unterhaltsame Zettelwirtschaft.

ullstein

US388

Der Känguru-Chroniken zweiter Teil

Marc-Uwe Kling

DAS KÄNGURU-MANIFEST

ISBN 978-3-548-37383-6
www.ullstein-buchverlage.de

Sie sind wieder da – das kommunistische Känguru und der stoische Kleinkünstler! Im Kampf gegen das mysteriöse Ministerium für Produktivität schrecken sie vor nichts zurück. Eine Verschwörung auf niedrigster Ebene! Spektakuläre Enthüllungen! Skandale! Intrigen! Irgendwas Abgefahrenes mit Religion! Herrlich schräge Geschichten – mit Spaß, Spannung und Schnapspralinen ...

»Lustig! Ganz unbedingt!« *Süddeutsche Zeitung*

ullstein

US355